起死回生の政治経済学

日本が蘇える！
ドラスティックな政策論集

前田 益尚

晃洋書房

この本で繰り広げられるのは、「即答の学問」です。

世界恐慌が起きた瞬間、学者脳は起動できるのか。

引退もやむなしの瞬間、生き方を選択するために。

著者は、2007年、ステージ4に近い下咽頭がんと診断され、声帯を残して完治を目指す！実験的な手術で、起死回生を遂げ、口頭で授業を続けました（拙著『楽天的闘病論』pp.1-87.「第一部 ひとに向けて発砲するガンマン」参照）。

そして2022年、新たな口腔がんが深く浸潤した際には、喉頭を切除して完治を目指す手術は回避して！抗がん治療と同時に起死回生の免疫療法につながり、QOL（Quality of Life：人生の質）を維持しながら、授業継続も維持しているのです（拙著『2度のがんにも！不死身の人文学』pp.115-169.「II 再発したら、伴病の宗教学」参照）。

この様に教科書にはない〝奇策〟の治療法を選んでは、有意義に生き残って来たキャンサーパンク（cancerpunk：元々自身の細胞であった！がんを逆手に取って、生きがいを見出す思想家）である自身の経験値と先行研究のセンスを、本書では日本の政治経済を再興させる策にも応用します。キャンサーパンクとは、社会を変革させる手段として暗号技術を駆使する活動家を指したサイファーパンク（cypherpunk）からヒントを得ました。

そして、起死回生とは、まさにパラダイムシフト（好転させるちゃぶ台返し）なのです。

はじめに――胸のすくような！理想論に向けて――

２００７年は、ライヴ授業を継続させるために声帯は残す前提条件の下、がんを手術で全て切り取り、完治を望みました。しかし、２０２２年に言い渡された手術は、声と飲食の身体機能を失うリスクが高いオペレーションです。著者の人生観から、決して受け入れられません。

結果、抗がん剤で、がんを抑えて共存するしかないのですが、がんがいつ暴れ出して来るのかわからないのは、不安でした。そこで適用されたのが、がんが仕掛けた免疫ブレーキを外して、自身のキラーT細胞を活性化させ、がん細胞を殲滅するパンク（型破り）な免疫療法です（拙著『2度のがんにも！不死身の人文学』pp.123-169.参照）。そして現在、この本を書いているのは、起死回生を遂げた証左だと言えるでしょう。

これまでも、著者には、完治しない病であるアルコール依存症をコントロールして、再飲酒せずに！断酒10年を超える経験値があります。

もしも、がんまで制御できたら、心身ともにコントロールできる《完全無欠の臨床社会学者》だと嘯《うそぶ》けるのではないでしょうか。

時代を計算する思考基盤も、変わりつつあります。計算機だけでも、01の論理を積み上げて答えを出す直観で秀才型のコンピュータから、確からしさからでも即答できる直感で天才型の量子コンピュータにパラダイムシフトしているのです。

とはいえ著者は未知のがんで、いつ人生が終わるかわからないので、生き急いでいます。

そこで、著者の筆が止まっている未完の小説『AF／アカデミック・フィクション』（これまで提案して来た荒唐無稽な社会政策が、実現している世界観を描いた文学作品）を、生きている有難い現実に反映させた内容が、本書なのかもしれません。

その内実は、相変わらず問題を解決するためには大ナタを振るうだけですが、常に最終兵器だと自負しています。著者の脳内には、がんとアルコール依存症から起死回生の回復を果たした神経回路と思考回路が構築されているのでした。再発した頭頚部のがんに対しても、命を最優先にするなら外科手術と言われましたが、それを回避しても大学のライヴ授業を継続させる事を最優先にして、声を守る化学療法を選択した結果、劇的な効果を上げて生き残って参りました（拙著『2度のがんにも！不死身の人文学』pp.123-169.参照）。その勘と経験値、考え方を今回は、政治や経済の分野にも適用します。

政財界に数多の要人を輩出した松下政経塾が、ビートルズなら、生き急ぎながらも死なない前田の政経塾は、転がり続けて解散しないローリング・ストーンズだとも嘯けるでしょう。決して、刹那のセックス・ピストルズだとは限りません（拙著『パンク社会学』p.1.参照）。

これまで8冊上梓した何れも単著の拙著の中で、主に、『パンク社会学――ここでしか言えない社会問題の即興解決法』（2020）、『サバイバル原論――病める社会を生き抜く心理学』（2021）、『高齢者介護と福祉のけもの道』（2022）の三冊において、散発的に提言して来た独自の社会政策や問題解決の奇策を叩き台として、政治学と経済学のカテゴリーでも試せる施策にアップグレードしたのが、本書の主な内容です。ですから表向きは、多くの支持を得たいがために、ピストルズとは言わずにストーンズなのでした。しかし内実は、あくまでパンク（型破り）な政策だらけです。

著者は、政治家や実業家になる方々のメンタリティが信じられません。政治家は常に世論やメディアから批判の矢面に晒《さら》され、実業家は常に運営する組織が破綻するリスクに晒されています。毎日毎日、テレビを見ながら、それなりに共感を呼ぶ文句を書き連ねて成立している社会学者の方が、100倍楽で喜ばしいとは思わないのでしょうか。がんばって、教授になれば相応の名誉も手に入れられます。但し、著者の人生観はパンクな自説を書き連ね、授業で言い続けては、ひたすら物議を醸すことを良しとしています。

そしていつの世も、国民が政府に一番求めるのは、自分の暮らしに直結する経済対策です。よって、起死回生の政治経済学も、日常生活に関わるパンク経済学の奇策から、提案して参りましょう。

経済対策には財源が必要ですが、増税するなら著者は、例えば相続税50%から始めるべきだと考えています。2020年当時、日本全体の相続資産はどんなに少なく見積もっても16兆円ありました。その内8兆円でも徴収できれば、消費税3%近くには相当するでしょう。もちろん、著名な実業家や高名な精神科医など有識者の中には、相続税100%論者もたくさんいらっしゃいます。しかし、国の一面的な共産主義化は望まない著者の大局観から、まずは国と個人が折半する感覚を大切にするのです。

この考え方は、他人事だから言えているのではありません。著者は、アルコール依存症真っ只中の独身時代、江戸時代の様に宵越しの金は持たないのが日本経済の発展に貢献すると授業でも主張して、実際にゼミ生を引き連れては、飲み食いに興じて、近畿大学から頂く給与をほとんど使い切っていました。給与が残ると月末は梅田のヒルトンホテルに繰り出して、学生たちとの飲食で使い切っていたほどです（拙著『楽天的闘病論』pp.105–107.「アル中の経済学」参照）。2010年頃までの話です。

但し結婚後、アルコール依存症から回復してからは、老後の資金も貯めていました。それでも、不妊治療の結果、子どもに恵まれなかった著者の場合は死後、遺族が納得した分は資産を国に差し出すことに何の抵抗もありません。よって、大学院まで教育無償化の財源が2兆円必要だとしても、相続税の税収で十分賄えます。子どものいない著者も含め国民を上げて、孫世代への投資だとして周知できれば、異論は少ないでしょう。また2022年末から、国会でも財源が問題になった防衛費なども、相続税の税収で賄えば、先祖から守られているという安全保障のありがたみが、亡き者たちへの敬いにも通じて良い道徳観につながるのではないでしょうか。但し、いずれも勝手に使われるのは納得できないと考える高齢者の方々の自由も認めます。その場合は、孫に生前贈与するような形で、子育てに使ってもらいましょう。少子高齢化社会の対策にもなりますし、目的が教育資金の場合は、贈与税の非課税制度もあります。

本書で引用する数字は、出所の正当性を強調せずとも、調べた限りにおいて、本書で提言する内容に最も不利な条件の数値しか使いません。例えば、相続資産は、多いデータでは30兆円を超える試算もありますし、教育無償化の財源は1・5兆円とする算出が多いです。しかし政策の是非を問う場合、財源の算出根拠で論争するのは、政策の実現を遅らせるだけで、結果論として不毛ではないでしょうか。よって、著者の試案には、最も不利なデータを引用して、それでもここまでできるのではと提言するのが、最も効率的な政策論だと考えているのでした。邪道でも、即応性がなければ、生き急いでいる著者には間に合いません。著者が罹患して乗り超えて来た数多の難病から得た経験則です。

さらに言うと2020年、データサイエンスで導かれた新型コロナウイルス第一波による日本の死者数予測は、桁外れに間違っていました。それが経済を麻痺させた事実を振り返ると、著者はデータより生き残りし者の経験と直感を信じています。

■前田のアヴァンギャルドな研究法

未曽有の災厄、コロナ禍の対策は、先例のマニュアルがないから、好きなようにできて、楽だったなどとは、誰一人思わなかったでしょう。そうです。現代にはじめて顕在化する諸問題の多くは、参照するものもなしに即興で解決策を講じなければなりません。それでも対応しなければ、最大多数は救えないのです。

結果、楽どころか、参照するものがないために、自らの「信念」のみを貫いて、解決に臨むしかありません。それで、弱者から最大多数の最大幸福（／リスク最小）に近づこうと試みるのですから、その対策はパンクだとしかラベリングしようがないでしょう。

著者が「信念」を持ちながらも、無理なく成果を得たと信じているのは研究者街道です（拙著『サバイバル原論』pp.92-93.）。

先行研究をどれだけ調べたかで、権威ある学会誌の採否が左右される評価基準に疑問を感じていた著者は、ある時に奇策に打って出ました。

著者の「信念」では、先行研究は、もう発表されているのだから、改めて論文に列挙するなど、非効率で無意味です。そんなに先行研究が大事なら、テーマを設定して、後はＡＩ（artificial intelligence：人工知能）に「全論文解読システム」などを活用させて、リサーチさせれば、最も多くの先行研究を漏れなく列挙して、最も優れた内容だと評価される論文が書けるでしょう。但し、そこに独自性が加味されていたとしても、他者の先行研究に引きずられるような後追い研究では、斬新なイノベーションが生まれにくいとも著者は考えてしまいます。結果、ＡＩでも予測できるような学説ばかりになって、人間が書く論文としての意義が失われていくのではないでしょうか。

人間の脳には、ＡＩと違って、データがなくても判断できる能力、つまりひらめく想像力があるのです。

ならば、データとしての先行研究に引きずられず！ひらめいた全く新しいオリジナリティが溢れる論文こそ、世に発表する価値がある！という「信念」を、著者は持って挑んでいます。

よって前田ゼミでも、他人が書いた本をテキストにして、毎週当番の学生が、書いてあった内容を発表するなどという旧態依然とした講読スタイルは、意義がないと考えるために行いません。講読の授業では、著者自身で書いた本しか教科書には使用せず、内容を覚えてもらうのではなく、質疑応答によって作者である前田が本に書けなかった真実や真理を、受講生たちに抉《えぐ》り出してもらうのが講読教室の一場面です。

現在、著者独自の学説は、先例主義で斬新さに欠ける権威ある学術誌に論文で投稿するより、万人に訴えられる単著で出版する方が、著者の「信念」に沿えると考えています。

結果、実行できているので、ここだけの授業内容も書けました。また、いつ死ぬかわからない覚悟のあるガンマン（注：がん患者：拙著『2度のがんにも！不死身の人文学』参照）ですから、逐一遺すべき考えだと判断して書いています。

但しこれは、学会に対する批判ではありません。なぜなら、学会における言いっ放しの口頭発表は、昔も今も思想の自由市場が担保されていると著者は捉えています。懐の広い開かれた学会なら、驚くほどアヴァンギャルドな内容でも受け容れてくれるので、著者も新たな研究の沃野を拓くアジテーション（挑発）の場として重宝しているのでした。

メディア研究者の落合陽一さんからも、ニュース番組のスポーツコーナーで、同様の考え方を聴かされました。（練習などしないで、）誰も予測できない成果を出すのが、（アスリートも研究者も）有意義な仕事となるという趣旨を公言し、先行研究に囚われない成果の意義を示唆されていたのです。さらに、オリンピックの日本代表第1号に選ばれたアスリートのニュースでは、有働キャスターから「落合さん、何か一番になったことありますか?」と問われた落合陽一さんが、この様に答えました。「学者は皆、（誰も解明していない問題を、）一番に研究して成果を発表していますよ。」それ即ち、誰かが発表した成果を後追いするばかりの姿勢は学者にあらずと著者には聴こえたのです。そして、彼がその様に公言できるのも、学会の口頭発表と同様に言い放しが許されるテレビの生放送でした。

さらにマイクロソフトの共同創業者、ビル・ゲイツさんが言い放ったとされる格言「少なくとも一回は、他者から笑われるくらいのアイディアでなければ、とても独創的だとは言えない。」などは、あまりにも有名です。

本書は副題通り、まずは国内の政治と経済に関する問題解決を図る奇策を弄《ろう》しています。但し将来、奇策が一つでも実行されて、成果を挙げた場合には、課題先進国の解決策として、その政策を海外の開発途上国などにも提供できるでしょう。国内の問題からはじめた本書の内容は、すべて最終的には、国際的な貢献を望んでいるのです。

目次

II　パンク政治学

パンク経済学

著者は、これまで出版して来た単著のすべてで、印税を受け取っていません。その分、少しでも価格を下げてもらい、学生たちが求めやすくして来たつもりです。よって、ライフワークとなっている執筆活動において利益はなく、作家としては課税事業者でも免税事業者でもないインボイス（2023年10月から、消費税の納税プロセスを明確にする）制度の蚊帳の外にいるのでした。これは結果論ですが、客観性を掲げる俯瞰の社会学者が発信する経済対策の書物に適したスタンスだったのではないでしょうか。

日本では、消費税が始まって以来、反発を避けるためか、中小・零細企業が受け取った消費税分は、益税として利益にして構わないという習わしがありました。中小・零細企業を救済したい心情は理解できます。しかし温情の慣わしは、機能を麻痺させるリスクがあるのです。機構としての行政が中小・零細企業を助けるなら、補助金等の制度で明確に再分配すべきでしょう。

今さらインボイス制度で、益税の納税を中途半端に求めはじめても、人間の多くには得をするより、損する事を嫌がる損失回避の心理（注：行動経済学におけるプロスペクト理論）が働き、流通のどの段階で誰が払うか、一部では禍根を残した挙句、総じて反対されるに決まっているではないですか。最初から明確に受け取った消費税分は、その都度すべて納税してもらうべきでした。そして必要があれば、行政から助成金等で再分配するのが、分配された側にも利益の出所を明確に自覚できる道理だったのです。

さて、本書の原稿を書き始めた2023年前半には、日経平均株価も上昇して、バブル期以来の好景気の様に見えました。しかし実態は、円安のため、円建てで見ると好感触なだけで、ドル建てで見ればさほどでもありません。その証左に、貿易収支は、赤字が続いておりました。やがて企業の利益改善が見受けられなければ、株高を支えて来た海外からの投資も引いていくでしょう。そこで国内は、自社株買いで市場に出回る株を減らして株価を上げるなどの工夫もしています。しかし、さらに日本が消費者たる国民も巻き込んで、自前で好景気を引き起こさなければ、独立した市場とは言えないのではないでしょうか。

直観による行動経済学（従来の経済原則に、関わった人々の心理的な動機付けを加算した考え方）がノーベル経済学賞に輝いて、経済原理を補完的に説明できる時代です。それでも見落とされる経済原則があるとするならば、前例のない問題が見つかる度、直感による即興経済学と呼べるような考え方で政策を立案することではないでしょうか。それはまさにマクロでもなく、ミクロでもない、あくまで型破りなパンク経済学の領野だと著者は勝手に考えています。直観は、論理的な思考で導かれますが、直感は、脳内のセンサーで誘発されるような〝ひらめき〟です（拙著『パンク社会学』「逆行するメディア論」pp.10-14.参照）。

ですから、第Ⅰ部「パンク経済学」は、決して経済学を網羅的に語る内容ではありません。ひたすら型破りなブレイクスルー（突破口）を見つけて（ひらめいて）は、起死回生の経済対策をアジテーション（提言）するのです。学部学生の時代、社会学部でも、応用経済学科に所属していた著者が繰り出す、スキだらけでも大ナタを振るって問題解決を試みるパンク（型破り）な経済学序説だと考えてください。

それは、経済学の各論におけるパラダイムシフト（掟破り）だとも言えるでしょう。

パンクな経済学を志向する動機づけのひとつは、人類が何にでもなれる万能細胞、iPS細胞を生み出した現実です。そこから、不可能を可能にする人類なら！自らの営為である経済の政策など、どんなパラダイムシフトを起こすことでも不可能ではないはずだという発想が湧きました。

本書では、実務的な経済の支援、運用、運営などの手続きに入る前に、型破りでも背骨となるべき理論枠組の構築を目指します。

型破りと言えば、例えば年金や医療費の財源は、現在保険料で賄われている部分が6割くらいです。介護は、4割くらいと言われています。いずれにしても、掛け金で賄われるべき原理原則からは、甚《はなは》だしく逸脱しているでしょう。世代を跨《また》いで支え合っても、原則として掛け金で賄われるはずであった社会保障費の財源が、（2012年の野田佳彦政権下で当時の民主党と自民党と公明党の与野党合意から、）いつの間にか消費税になっていたりしながらも、現実には適応しているのが人間の社会です。これが掟破りと言わずして、なんと言えるのでしょう。最近では労働基準法を変えて、デジタルマネーの給与が可能になりました。つまり、我々は手続や運用の型を破り、臨機応変に行っては現実を〝生き抜いて〟いるのです。それは、多くの民が無自覚であったとしても、後ろ盾になるパラダイム（考え方）が新たにしっかりと構築できているからこそ、その経済圏が破綻せずに生き残れているとも言えるのではないでしょうか。現在の後ろ盾にあるパラダイムの解説は、日銀の総裁にでも任せて、本書では、ポストモダンなパラダイムとその上に成立させるべき政策を立案して参ります。

まずは、異形の社会保障を充実させるために、劇的な財政出動を要する政策試案です。近畿大学は、太平洋の回遊魚を生け簀で飼い切るなど不可能だと言われたクロマグロの完全養殖を成功させた研究機関です。その様な研究風土で、文系の研究者である著者も奇策を考えました。

1

度肝を抜く！日本の株式とだけ交換できるバウチャー制度

著者が提言する政策は、部分的にも正解かどうか、わかりません。但し、必ず大義のある経済対策だと自負しています。

コロナ禍に蓄積した貯蓄も、直ぐ市場に吐き出してもらわないと、コロナ明けの景気は直ぐには回復しませんでした。アメリカは、いち早く貯蓄が市場に出回って、当面でしたが活性化した経済を取り戻したのです。ただ日本の場合、企業などには貯蓄に当たる内部留保が十二分にあったおかげで、コロナ禍でも生き残れたケースが多かったのも事実です。結果として、批判の対象であった内部留保がリスクマネジメントの一環になりました。テレワークで通勤客が消えても、潰れずに存続できた鉄道会社などが顕著な例でしょう。**それは、働きアリの集団にも一部、必ず働いていないアリがいて、その余力が天災や敵襲といった有事には稼働して、集団へのダメージを抑える〝閾値《いきち》が高い〟と言われる危機管理です。つまり、内部留保とは、文明人の組織が抱える「働いていないアリ」**（余力）なのでした。

消費か貯蓄か、どちらかが善で、どちらかが悪ではありません。理想は、機を見るに敏で、使ったり貯めたりする事ですが、そんなにタイミングが合わせられる経済人は多くないでしょう。そこで経済的自由主義の国において、少なくとも政府からの支援だけは、まずは投資にも投機にも使えて、直ぐに消費にも貯蓄にも回せる機会（チャンス）を散りばめた〝手続き〟（工程）にするのです。それが、国民全体で経済を活性化させるベターな誘導であり国策だと、著者は考えました。以下、具体策です。

■株式市場の見えざる手は、政府からラディカルな個人投資家に

株式投資を加速させて、株式市場を盛り上げるのは、資本主義を発展させる王道でしょう。

そこで、年金、生活保護、コロナ対策の支援金など、政府が国民に支給するのは、全て日本の株式とのみ交換できるバウチャー（voucher：引換券）にしてはどうでしょうか。すると、支給された国民が現金化するためには、少なくともまずバウチャーで日本の株式を買い、再び売らなければなりません。もちろんバウチャーをめぐる売買に関しては、日本経済の活性化という大義から、NISA（Nippon Individual Saving Account：少額投資非課税制度）と同様に租税特別措置法の下で、非課税制度を適用して欲しいのです。日本の株式とのみ交換できるバウチャーを使う制度は、リスク分散で海外の株式に投資傾向のあるNISAより、確実に国益に適うでしょう。そして、バウチャーを換金するプロセスは、ややこしくも、おかしくもありません。他通貨同士の両替でも、一旦ドルに替えなければならない基軸通貨と同様の仕掛けです。

また、バウチャーを支給された多くの国民が、どの株を買うかで、日本の産業振興にも道筋がつけ

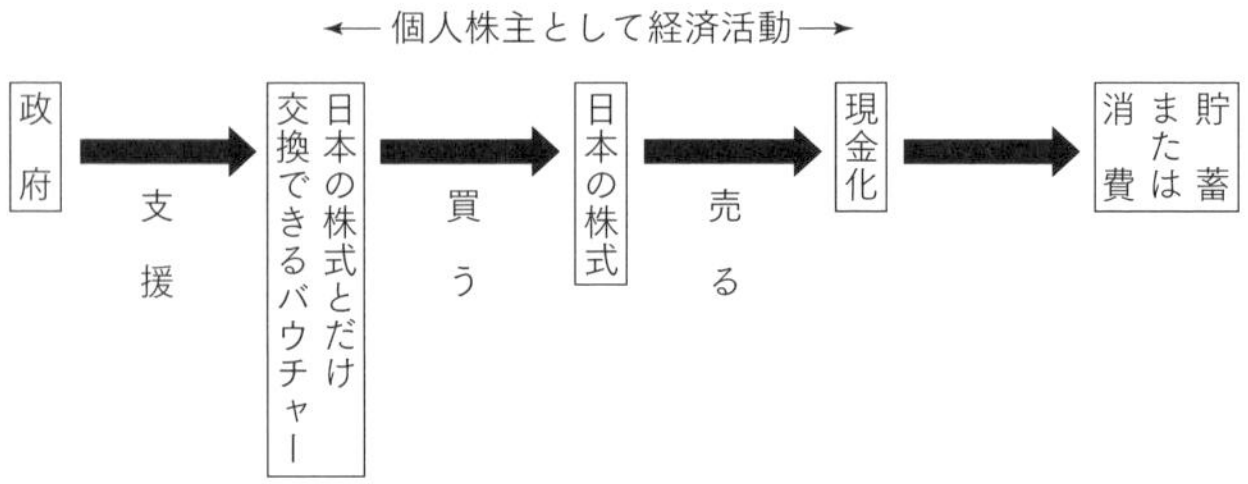

＜日本の株式市場が活性化＞
➡政府からの支援で生まれた個人株主が払ったマネーを財源に、企業は設備投資とイノベーション（世界が使える技術革新、必要とされる商品開発）を！
※賃金の上昇にもつながるはず。

支援される者のひと働き（投機／投資）により、
日本の景気を向上させる最適な図式

られます。これでこそ、名もなき民意が経済をリードできる理性的な制度だと言えるでしょう。金を天下の回りものにできるのです。そして、国民の全員が配当を受けられる日本（株式会社）も、資本主義社会の理想の一つではないでしょうか。

もちろん現行法では、とても無理な制度でしょう。著者は、立法府において国益のためなら、型破りな法案でも提出してくれる（保守でもない革新でもない）急進勢力の結集を夢見るのでした。

繰り返し例に挙げますが、社会保障費は本来、国民が払う保険料で賄われるべきであったはずです。それが、いつの間にか、消費税の税収が充てられているのが、リアル経済でした。また、消費者金融の大手が、いつの間にかメガバンクに紐付けされている信用機関の実態は、知らないうちにテレビのCMにまで定着しています。つまり、金回りに原理原則などあってないようなものなのではないでしょうか。たとえ掟破り（パラダイムシフト）であっても、お金が円滑に回り、国民の多くが幸せを実感できるのであれば、経緯など何でもありなのが、経世済民の社会思想なのではないでしょうか。

日本の株式限定バウチャーを支給するのは型破りな制度なので、支給額を現金化して、最終的にギャンブルに使われても許容するしかありません。しかし、ギャンブルに使う現金を用意するためには、与えられたバウチャーで、まず日本の株式を買って、さらにそれを売って現金化するプロセスを踏まなければなりません。流れとしては、景品交換など脱法まがいのパチンコで馴れ親しんだ換金システムと同様でしょう。しかしこのステップは、その過程で日本経済の活性化に一役買っているのでした。

さらにそのプロセスを踏んだ経験値から、同じ賭けに出るなら、これまでハマっていたギャンブルより、株式投機や投資の方に大義があると目覚めたギャンブル依存症者が現れたなら、少しは有益な回復の一歩だとも言えるかもしれません。金は天下の回りものにしましょう。

著者は、持説「〝日本の株式とだけ交換できるバウチャー〟を全国民にばらまく政策」を授業でも一貫して主張して参りました（拙著『高齢者介護と福祉のけもの道』pp.149–150.に叩き台あり。要参照）。バブルの崩壊以降、沈滞して来たマクロな日本経済の劇的な立て直し案だと考えていたからです。もちろん、日本の会社は、株式会社だけではありませんし、経済活動は株の取引きだけでもありません。しかし、市場は連動しています。チェーンリアクション（連鎖反応）を期待しているのは、あらゆる財政支援と同様でしょう。より活発に市場の連鎖が行われるために、大量のカンフル剤として考えたのが、異端の「**日本の株式限定バウチャー制度**」です。現行法で無理な制度でも国益に適う法案なら、立法府において、党派に関係なく急進勢力が結集して〝日本の株式限定バウチャー支援法〟などを成立させてくれることを願っています。

繰り返しますが、成立すれば、貯蓄したい国民も、一旦配られたバウチャーで、日本の株式を買わざる（投機、または投資せざる）を得ません。その上で、現金が必要なら、得た株式を売却して、現金化するでしょう。但し、非課税にして目減りは極力少なく済ませたいです。二度手間を指摘する向きもあるでしょうが、他通貨同士の両替でも、一旦ドルに替えなければならない基軸通貨と同様の仕掛けだと考えれば、違和感は大きくないでしょう。そして、その現金を貯蓄するも良し、消費に回すも良しです。

しかし、少なくとも貯蓄する前に、どんな日本の株式とバウチャーを交換（→投機、または投資）して、さらにいつ売りさばくのかという取引は、立派な経済活動だと言えるのではないでしょうか。

このように、全国民にひと働き（株式の売買で、貯蓄または消費の前に、投機または投資）してもらえれば、日本の市場経済（マーケット）は、確実に活性化します。GDP（Gross Domestic Product：国内総生産）を押し上げるためには、どんな計算式でも、「投資」が要に位置するものでした。そして、政府の給付金をすべて「日本の株式限定バウチャー制度」にすれば、長期間コツコツと福利で増やすNISA（少額投資非課税制度）を勧めて拡充するよりも、さらにドラスティック（劇的）な経済効果を生むと著者は考えたのです。

そして、財源を得た日本経済は、設備投資やイノベーション（技術革新→商品開発）へ向かうと期待できるでしょう。金を天下の回りものにできるのです。

政府から国民への支援金が、すべて〝日本の株式とだけ交換できるバウチャー〟になれば、最終的には、弾ける事のないバブル経済（安定した好景気）の恒常化も夢ではないと著者は考えています。それが絶え間ない〈イノベーション〉に繋がれば、GAFAに代わる新しい産業の勃興も期待できるでしょう。

■劇薬！国からの支援は、すべて〝日本の株式とだけ交換できるバウチャー〟に

本当に劇薬ですが、年金や生活保護など、政府が国民に支給する金は全て、〝日本の株式とだけ交換できるバウチャー〟にできれば、日本経済の発展も格段にギアを上げるのではないでしょうか。これが、パンク経済学の一端です。

つまり国益としての「日本の株式限定バウチャー制度」とは、政府の経済対策で、できるだけ多くの国民から個人株主を生み出し、市場を活性化させるというシステムです。それ即ち、マクロ経済とミクロ経済を連動させる掟破りのパンク経済学ならではの単純化の論理でした。

さらなる極論としては、国民全員に基礎的な生活を保障するベーシック・インカムとして、〝日本の株式限定バウチャー〟を支給するのです。経済界における国民総動員制となるでしょう。確実に日本経済はバージョンアップして発展することが期待できます。

但し、株の知識がない国民は〝日本の株式とだけ交換できるバウチャー〟をもらっても、損をするという食わず嫌いの懸念が出て来ることも事実でしょう。その場合、政府から支給された〝日本の株

式限定バウチャー〟で、株式を買っても、すぐに売れば、必ず非課税にしておくと額面の目減りリスクは最小で済み、流動性のある現金にできます。それこそ、パチンコの景品交換（換金）みたいで、日本人には言語化できない暗黙知の様に受け容れられて来た作法でしょう。

そして、もちろん株を買って、即売っても、株式市場には影響を与えます。つまり当該のバウチャー制度に則れば、株式の売り買いというれっきとした経済活動をしたので、大義は果たしたとも言えるのです。金は天下の回りものにしましょう。しかも、NISAと同様に租税特別措置法の下で、非課税制度を適用してもらえれば加速します。

何度も案じますが、起死回生の奇策は、現行法の下では難しいでしょう。しかし、それが国益に適うのであれば、適用できる法律を作るのが、立法府にいる国会議員の使命なのではないでしょうか。

そしてパンクと言うからには、現金化されて最終的に、たとえギャンブルに使われたとしても容認するしかありません。アルコール依存症からの回復者で、依存症を扱う学会に所属している著者には、どの様な支援金であれ一定の層がギャンブルに費やす事態など容易に予見できます。それでも、日本の株式を買ってから、さらに売って現金化する過程で、ギャンブラーも日本経済の活性化に一役買うのでした。経済への貢献は、依存症の様に繰り返して期待してしまいます。しかしそのプロセスで、同じ不確実性の賭けに出るなら、これまでハマっていたギャンブルより、株式投機、または投資の方が利益率は高いと学習し、さらに経済活動という大義に殉じると目覚めた依存症者が現れたならば、それこそが少しでも有益なギャンブル依存症からの回復の一歩だと言えるでしょう。

さらに大学教授の著者としては、無償の奨学金も〝日本の株式限定バウチャー〟で支給すれば、有益だと考えています。なぜなら、現金化するために奨学生が株式の売買を余儀なくされたら、就職活動を前に意義のある経済活動の経験値になるのではないでしょうか。金融教育の一環にもなります。

さらに、高卒で働いている方々の一部から出る不満、「大学で遊んでいる連中に、自分たちが払った税金から奨学金を給付するなんて！」というロジックにも少しは反論できます。奨学金として現金化する前に、株式の売買で経済活動をしているのですから、立派な経済人としての奨学生だと主張できるでしょう。金を天下の回りものにできるのです。

2 何十年かけて（段階的に）でも適《かな》えて欲しい！少子超高齢社会の革命的な給与体系

近畿大学は世界中から不可能だと言われたクロマグロの完全養殖を、30年以上掛けて成功させました。そんな長期的な解決のヴィジョンを、資源量が減少するマグロと同様に、少子化する日本人に関しても文系の研究者である著者が展開して参ります。

ここ10年以上、20代の大学生たちに、少子化問題に関する質的な調査を重ね、その度に深掘りしてみると、「安定した収入があれば、子どもを育てたい。」という意見が常に、そして圧倒的に多いのです。

そこで著者が何十年かけて、段階的にでも適えて欲しい異次元の理想論を展開します。それは、出産を機に、給与がピークとなり、原則として子どもが成人するまでピークが続く給与体系の制度設計です。片働きでも、共働きでも、どちらも育児休暇を取ったとしても、家族全員の生活は悠々保障される給与体系が、理想でしょう。そして、人類が進歩を続ける限り、その理想は少子高齢化の先進国のあるべき保障であり、進歩史観だと言えるのではないでしょうか。

但し、もちろん子どもを作らない選択も自由です。子がいなければ、当面はこれまで通りの給与体系も適用しましょう。最終段階で「生涯賃金」に大差を設けなければ、給与面での差別にはつながらないはずです。つまり、**新たな財源は必要ありません**。

そして新たなる制度の始まりは、終身雇用を望む者が多い公務員にしてみれば、雇用者の負担も調整が可能でしょう。現代の社会問題に、唯一無二の正解（解決策）などありません。著者は、可能な限りの選択肢を用意する事が、各自の判断で人生を理想に近づけられる、幸福な功利主義の方法論だと考えているのです。

異次元と言えば、２０２２年に与野党で画期的だと声が上がった「N分N乗方式」がありました。端的に説明すると、原則として子どもの多い世帯ほど、所得を家族の人数で小分けにして節税できる制度です。しかし、実際には富裕層の子沢山を後押しする節税策に使われるなど、格差なき子育て支援という考え方には矛盾する結果が予見されるのではないでしょうか。単純な消費減税が、高額の消費をする富裕層に有利に働く面もあるのと似た結果論です。

そして多くの一般家庭では、所得の上積みではなく、減税くらいでは、子育てにも消費にも、家計の節約モードは大きく変わりません。コロナ禍で大学生たちに聴取してみても、（最終的な利益を考え合わせる前に、）減税より現金給付がありがたいとの回答ばかりで、収入こそが消費者の琴線に触れ、子育ての動機づけにもなるようでした。

特例ですが、2020年代、大学生の就職人気トップに躍り出たある商社は、利益の比重が、同業他社に比べて家計に直結する生活関連に偏っていました。ゆえに自然な流れとして、朝方勤務（残業禁止）なら、給料25％増を続けるなど、子育て支援に給与面でも工夫ができているのでした。その他にも業務内容から、子育て支援にも前向きになれるある生命保険会社では、継続した割増手当で工夫しています。希望が少ない地域へ家族帯同で転勤した場合、月々約20万円（年間最大240万円）の割増手当を支給して実質の収入増となるのです。これは家族ぐるみで転勤中に、子育ての大きな動機づけとなるでしょう（「希望しない勤務先 手当厚遇」『読売新聞』2023.3.9. 14面）。

著者は、奇策でもルールを敷いた上で、あくまで〝できるだけ多く（最大多数）の国民が、無理なく！子育てを完徹できる〟起死回生のパラダイムシフト（最大幸福）を望みます。

改めて、まず労働者の中でも割合の多い正規雇用者における理想的な給与体系とは何かを考えました。それは年功序列だけではなく、選択肢の一つとして、出産を機に**その世帯における働き手の給与がピークに**跳ね上がり、（親に扶養義務のある原則）子が成人するまで続くシステムだと著者は考えています。

そもそも日本国という大組織の中で、出産と子育ては国益に適う大仕事だと捉えるのです。ですから、国家公務員における選択肢の一つとして、理想的な給与体系をはじめるのも理に適っているでしょう（拙著『高齢者介護と福祉のけもの道』pp.147–151.参照）。もちろん公務員の給与は、民間に比例するのが自由主義経済の原理原則です。しかし政府が、それをパラダイムシフト（掟破り）してこそ、はじめて異次元の改革だと言えるのではないでしょうか。

現在、著者の同級生で難関大学卒のキャリア官僚の多くが、一生懸命に勉強して国家公務員総合職上級甲種試験に合格して採用された職にも拘わらず、官僚としてのやりがいを失っています。匿名を条件に、その理由を紹介すると、国会をめぐっては野党の追及にスキャンダルや揚げ足取りが多いため、与党の議員から、言い訳ばかりの「答弁作成」などで奴隷の様にこき使われて来たそうです。さらに、野党の議員からは「ヒアリング」と称した会合に呼び出されて、いじめの様に問い詰められるのがメインの仕事だったと愚痴っていました。生の声で聴いた奴隷制度やいじめの比喩からも分かるように、人間に問題があるでしょう。つまり、これらの嫌な作業を全面的に生成ＡＩが代替できるような流れになるとは思えません。現実に、文化庁が京都に移転したにもかかわらず、官僚の報告や連絡がネットの通信では済まされず、中央の国会議員に呼びつけられては、交通費がかさむ日常が物語っています。

そして、国家の将来を担う業務を夢見てなった国家公務員の暗い現実のまま、官僚の多くが定年間近でうんざりしているのです。天下りにも世間の目が厳しいご時世になり、給与は、難関大学の同級生が勉強もしないで入った大企業にとても敵わないから、コストパフォーマンスが悪すぎる職業選択だったと悔いていました。

そこで著者の奇策、出産を機に子が成人になるまで給与がピークになる政策を、まず国家を担う公務員から適用したらどうだ?と示すと、ほとんど全員の国家公務員が、(時すでに遅しですが、)眼の色を変えました。それは給与という目先の優遇措置だけではなく、自分たちが少子化対策の先鞭をつけられるならば、国家公務員としての誇りを取り戻せると言うのです。彼ら彼女たちは、日本の未来を築くドラスティック（劇的）な国家公務員制度の改革を望んでいます。欧米と比較しても、人口比で官僚は少ないのに、採用試験の志願者も減る一方の国家公務員には、著者のアイディアが正に起死回生の提案となりました。そして、立法府にいる国会議員たちには、官僚を隷従させるのではなく、少子化対策の先陣を切る活躍ができるような国家公務員法に改正して欲しいのです。

但し著者が考えるのは、その代わりに、子が成人以降は、原則として給与が右肩下がりで、定年は延長される制度設計です。結果、給与の配分を変えるだけで、生涯賃金としては現行より大幅に増やさなくとも、年金支給も先送りにできるでしょう。原則として、新たな財源は不要です。原則とは、例えば子が大学院進学などで未成熟子の場合、別の制度で補完する設計が必要です。国内の学校で長く研究している未成熟子などは、将来のＩＴ長者の様に少数精鋭化していく可能性が高いわけですから、著者の考えでは人的イノベーションへの大いなる投資として、他の先進国に決して負けないよう、政府が給付型奨学金を際限なく拡充させるべきでしょう。

現代の諸問題に、唯一無二の正解はありません。人類の英知が、どれだけ多くの有効な選択肢を出せるかで、命運が決まるでしょう。

給与のピーク以外にも、少子化対策はあります。子育て中の保護者は一律、年金や健康保険料など社会保障費を納めなくても免除され、帳簿には納付済みとなる制度です。表面上はローコストの少子化対策にもなるでしょう。

また現時点である育休などは、社会や組織が我慢しながら認めるのではなく、積極的に長期の育休を導入すべきです。

著者が長期に亘る完全なる育休を推進する理由は、単に子育て世帯の個人を慮《おもんぱか》ってだけではありません。日本社会、全体のためでもあると考えるからです。

実は、日本の労働参加率は、先進国の中でも頭抜けて高く、パートタイムを含む女性や高齢者はことさら目立ちます。失業率も低く、一見健全な社会運営に見えますが、これが生物の組織運営としては必ずしも堅調とは言えません。例えば、働きアリの集団の中には、必ず何%か働いていないアリがいます。これは、サボっていて意味がないアリたちなのかというと、決してそうでもありません。実は、働きアリの集団が、外敵に襲われたり、天変地異が起きた時に、サボっていたと見られるアリたちが動員されて対応できるのです。これが、常時ほとんどのアリが働いていては、有事に対応し切れず、組織は脆弱で滅びゆくしかありません。この労働参加率を下げて、有事に備えている働きアリの集団を、閾値《いきち》が高い（痛みに強い）とラベリングできます。よって、日本も閾値が高い国づくりのためにも、育休社員などに象徴できるようにして、見た目の労働参加率を下げる工夫をしても、決してマイナスの組織運営にはつながりません。もちろん、育休社員は労働参加率に組み込まれています。今は働いていないアリと同様で、あくまで表面上のお休みです。

よって、失業率を見る場合も、単純に高くなれば大問題とも言い難いでしょう。例えば、大震災が起きた時に、動員できるボランティアを温存している、閾値の高い働きアリの様な社会運営が自然とできているのかもしれません。

さらに定年以降、年金生活における身の振り方も考えました。例えば、介護職の給与を法制度上、簡単には上げられないのであれば、コストダウンできる方法を探ります。それは、定年後の元気な高齢者に老々介護を担ってもらい、その動機づけとして、介護実績がポイントとして付与されるのです。そして、当人が介護を受ける立場になった時に、ポイントによって優先的に介護を受けられる制度を運用してはどうでしょうか。

プラス、気鋭の前田ゼミ生から出たアイディアですが、介護職に就いている期間は、年金を納めなくても、納付済みとカウントされる制度にすれば、表面上はコストも掛からず、現役世代が介護職を担う大きな動機づけにもなるでしょう。

そして、指導教授の著者が考える胸のすくような理想論としては、介護職はすべて地方公務員として、給与も待遇も保障するのです。

■要点① 出産時から（原則）子が成人まで、給与はピークに！

先進国において、人口の先細りを止めて生き残るためには、少子化対策としての子育て支援が、絶対に必要です。

子育てのための一時金支給などは、〈対症療法〉に過ぎません。少子化対策には、問題を永続的に解決できる〈原因療法〉が必要でしょう。

著者のかねてからの持論で、本書でもこれまで述べてきたように、子育ての時期は最も出費、お金が掛かるため、その世帯における働き手の給与をピークに設定できたら効果的ではないでしょうか（拙著『パンク社会学――ここでしか言えない社会問題の即興解決法』pp.139-141.参照）。高給は、子育て世代に積極的な動機づけとなります。

共働きなら、育児休暇も織り込みながら、夫婦ともに給与はピークにします。また、同性婚で里親になったケースでも同様に運用するべきでしょう。つまり、どの様な家庭であれ、その家庭が子を儲けて、子育てをしている間は、家庭の収入がピークとなる制度設計が理想です。

その代わり、子どもが成人し、働き手になって親離れしたら、給料は右肩下がりでも受け入れてもらいましょう。最終的には、夫婦でも一人でも生活できる給与まで下げても構わないのではないでしょうか。不妊治療しても、子どもに恵まれなかった著者の家計は、夫婦で穏やかに暮らせれば十分なので、生涯ピークのない給与体系でも構いません。

世界最高水準の超高齢社会にある日本が、課題先進国として少子化問題を超克するには、歴史的に類を見ない最もドラスティック（劇的）な解決策を講じるしかないでしょう。

改めて著者の考え方ですが、一番お金が必要な子育ての時期に、賃金のピークを持っていくのが王道ではないでしょうか。トレードオフ（引き換え）に、子が成人したら、給料を下げれば支払い側も割に合わせられるでしょう。

もちろん、保育所の拡充や、無償の奨学金なども必要ですが、**育児と教育で費用が必要な時期に、収入のピークを持っていく制度設計が、最も有効で、強い社会体制**をつくるのではないでしょうか。

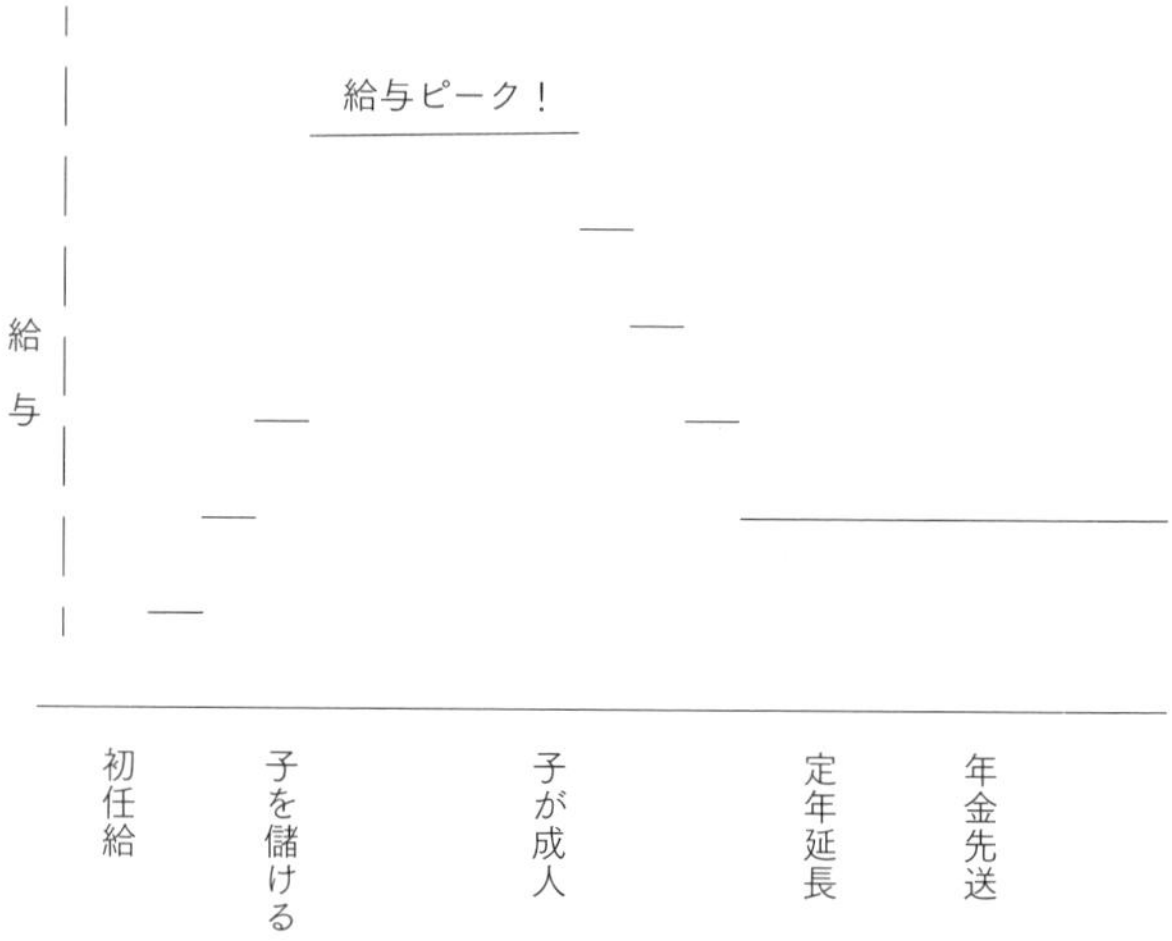

究極の子育て支援と無理のない定年延長（年金の先送り）イメージ

少子化対策にもなり、超高齢社会の環境にも適っているはずです。もちろん、子育ての時期には差があるので、一律に年齢等でピークを決めるのではありません。個々のケースに反映させせます。

　著者のように子どものいない世帯には、ピークがなくても平穏に暮らせたら十分な日本ではないでしょうか。著者は妻と不妊治療の末、子どもには恵まれませんでした。しかし、不妊治療の間、互いにいたわり合い、協力することで夫婦の結びつきを確認することができたのです。受精卵が少し分裂をはじめた写真に夫婦で感動し、着床しての成長が叶わなかった時は、二人で涙しました。その共有体験だけでも、夫婦で不妊治療に臨んだ甲斐はあり、パートナーシップは確固たる絆となったのです。後は、日本の未来の為に、喜んで子育て世代に協力する気持ちになれます（拙著『パンク社会学』pp.135-141.参照）。

　もちろん、持論「出産後、子が成人するまでの給与をピークにして、その代わり、子が成人後の給与は右肩下がりで、定年も延長して、年金受給を遅らせる。」制度は、民間企業ですぐに実現させることは難しいでしょう。一部の外資系やベンチャー企業なら、新奇的に行えるケースもあるかもしれません。しかし、それだけでは日本経済が起死回生を遂げるまで行かないので、著者は国家公務員で制度の実現を提唱しています。今こそ政府が、公務員の給与は、民間に比例するという自由主義経済の原理原則をパラダイムシフト（掟破り）できれば、異次元の改革だと言えるのではないでしょうか。

すると良識ある評論家から、こんな型破りな制度設計は、子が成人して、給与が右肩下がりになった途端に、みんな都合よく、給与が右肩上がりの民間企業に転職するから成立しないシステムだという指摘を受けました。

しかし、そう簡単に転職できるでしょうか？

大学でもキャリア支援委員を歴任している著者が理解している限り、給与が右肩下がりになった途端、転職を希望して、おいそれと受け入れてくれる都合の良い職場など考えられません。いくら隠しても、〝前の職場は子が成人したら給与が安くなるので、転職を希望します。〟などという、恩恵を受けることしか考えていない本音が見え透いた転職を歓待する能天気な人事部など、日本には存在しないでしょう。

よって、一旦子育て期に給与ピークのシステムに乗った国民は、簡単には他所《よそ》へ移れないのが現実ではないでしょうか。それほど、転職を受け入れてもらうには、転職して来る大義が必要なのです。

時折ＳＮＳで訪ねて来る前田ゼミの卒業生から、転職の相談を受けた場合には、新卒の就職指導（注：拙著『2度のがんにも！不死身の人文学』pp.28-61.「待ったなし！就職指導のメディアでは、〝分刻みで！〟常勝

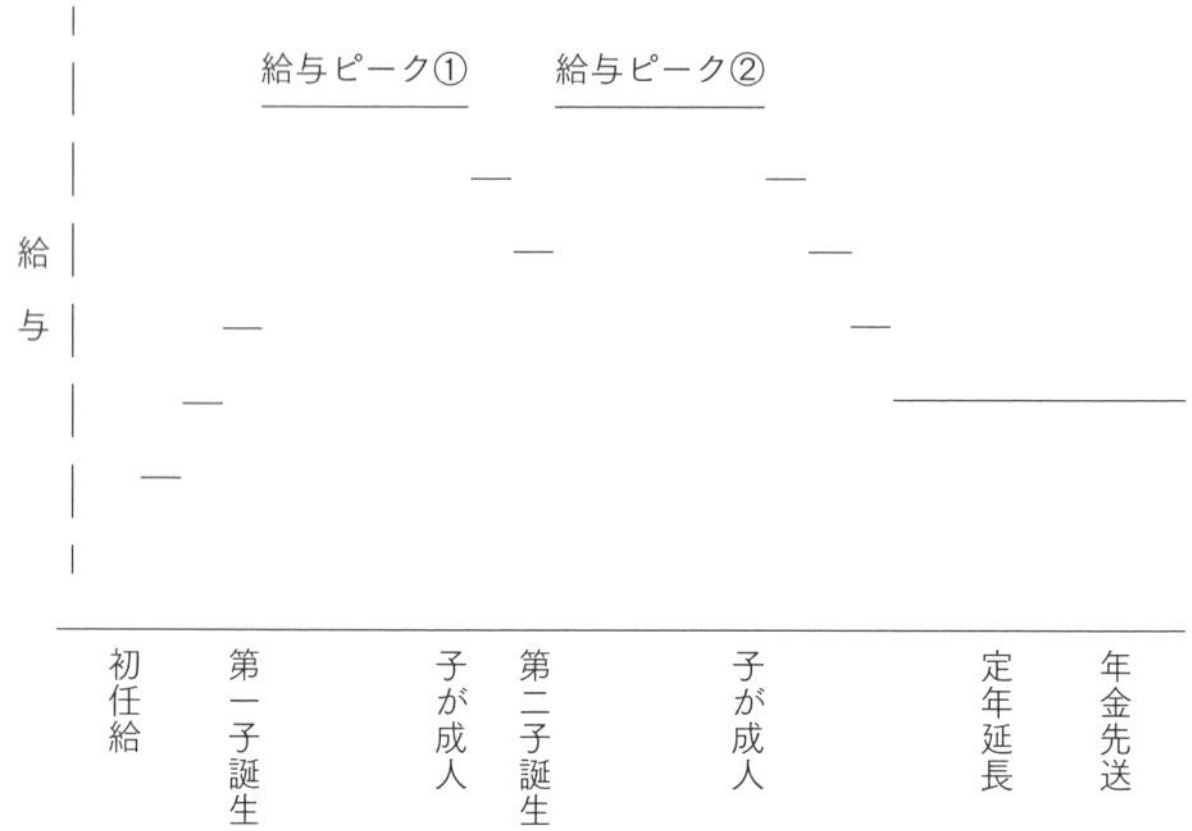

何回でも！子育て支援と無理のない
定年延長（年金の先送り）イメージ

志向」参照）以上に、採用側に必要な人材だと思わせる知恵をつけています。でなければ、本音は仕事が辛いとか人間関係が嫌になったなどという自分本位の転職理由で、受け入れてくれる企業などないでしょう。

例えば、銀行員だった卒業生は、堅調だが厳しい勤務体制が嫌になって転職したくなった（注：結構多い）と相談して来ますが、転職希望先には、そのままの理由など、口が裂けても言わせません。

大義として、例えば「銀行であらゆる業種の財務状況を知ることができました。その結果、御社にはまだ○○といった伸びしろがあると判断するに至ったのです。そこでこの度、御社の中で、○○を伸ばすお手伝いをさせて頂けないでしょうか。融資を引き出すコツと大義は心得ております。」などと言わせます。

もちろん、転職までには、口から出まかせではなかった証明として、該当するリサーチを銀行内で行わせます。

話を戻すと、著者の奇策は少子高齢化社会の対策ですから、何度でも子どもに恵まれた時点で給与をピークにする制度設計です。里親として、たくさんの子育てに邁進した家庭にも適用しましょう。また先述した通り、子育て中は、保護者が一律、年金や健康保険料など社会保障費を納めなくても免除され、帳簿には納付済みとなる制度をプラスすれば、日本は最も子育て立国となるでしょう。課題先進国として、これから少子高齢化に向かう発展途上国のロールモデル（お手本）になります。

岸田文雄総理が、２０２３年の年頭記者会見で、「異次元の少子化対策」を行うと明言されましたが、〈対症療法〉の金額が増える程度で、これまでの支援と同次元でした。〈原因療法〉にも匹敵する著者の奇策こそが真の〝異次元〟と言えるのではないではないでしょうか。

■要点② その分、（原則）子が成人後、給与は右肩下がりで、定年も年金も先送り

さらに、著者の提言を実現させてくれた組織は、**子が成人後の世代、つまり経験豊かな人材を、右肩下がりの給与体系で雇える**となれば、喜んで**定年を遅らせる**のではないでしょうか。現在でも、定年過ぎて再雇用する場合、賃金を下げられるケースが多いでしょうが、大々的には公開されていません。それを子育て期に給与がピークだったトレードオフ（引き換え）として、子が親離れしたら給与も右肩下がりだと、誰もが納得するよう定式化するのです。そうできれば自然に、**年金の支給時期も、遅らせることが可能になって行きます**。目先の営利が目的の民間企業では、荒唐無稽な話だというの

であれば、先述の通り、政府主導で国家公務員から導入してもらえれば、**給与体系の世界観は変わる**はずです。

まずは予算が限られている国家公務員で、定年延長が容易《たやす》くなります。子育て時期に給与がピークになった代わりに、子が成人後の世代は、右肩下がりで支給を相応に減らせるからです。経験豊かな労働者を低コストで雇い続けられるのであれば、雇用主である国、延いては納税者の国民も納得して定年を延長できるでしょう。現在、定年の延長を阻害している理由の一つは、右肩上がりの高い給料で、心身ともに衰えて来る高齢者を雇うコストパフォーマンスの悪さです。だから、無理やり再雇用や参与にして、給与を下げるいびつな工夫が蔓延しているニッポンの職場なのでした。もし、給料が右肩下がりで定年延長がスムーズに定着すれば、年金の支給時期を待ってもらうことも自然の流れではないでしょうか。こうして、年金問題も解消してゆきます。

定年を延長すると、若者の就職難に反映されると、学生から指摘がありました。しかし、それは一見した不安材料です。いくら定年が延長されても、必ず辞めるのですから、職場の椅子取りゲームは、ゼロサムゲームで常に必要とされる人員は変わりません。但し、定年が延長される瞬間、延長された年数だけ椅子は空きません。定年延長が定着するまで、新しい採用が滞るのは確かです。よって、定年延長も段階的に行い、少しでもしわ寄せが新規採用に響かない工夫は必要でしょう。そして、定年延長が定着すれば、退職者数と採用者数は均衡が取れるはずです。

これらの制度設計を、目先の営利が最も重要な民間企業で実施するのは無理だと誰もが考えるからこそ、政府主導で、国家公務員から制度化して欲しいのです。厳しい労働環境で人気薄と言われる国家公務員には、起死回生の制度改革ではないでしょうか。公務員は、出産を機に給与がピークに跳ね上がり、代わりに子が成人したら給与も右肩下がりで定年延長にすれば、年金受給の年齢も待ってもらえるロールモデル（模範）ともなるでしょう。そして、子どもを望む多くの若者たちが、こぞって子育て時期に給与がピークとなる公務員志望になれば、有能な人材確保のためには民間企業も倣《なら》うほかありません。こうして、イノベーション（革新的なアイディア）は世間の常識と化してゆくのです。

そして、子育ての対価に収入を与えるロールモデルを世論が受け入れられる空気になれば、最終の段階では、働けない親でも働かない親でも、子育てをする場合は、国が一律に支援することが容認されるのではないでしょうか。世論へのダメ押しとしては、その場合も、第1章で述べた〝**日本の株式とだけ交換できるバウチャー**〟**を給付して支援**するのです（本書「1．度肝を抜く！日本の株式とだけ交換できるバウチャー制度」参照）。すると、働いていない親も与えられたバウチャーを使用して株を売買することで、立派な経済活動をしたと言えるのでした。もちろん日本経済の活性化という大義から、NISAと同様に租税特別措置法の下で、非課税制度を適用してもらいます。

■要点③　それでも足りない場合のみ！　年金や奨学金は、再分配で（最後の手段）

前述の定年延長で、年金支給の先送りは延命措置です。決して、病理の根治にはならないでしょう。そこで、**あくまで最後の手段**ですが、対象を高齢者だけではなく、大学生にも設定したサステナブル

（永続的）な制度設計を考えました。日本の充実した皆保険制度を手放してまで、海外へ移住する希望者が少ないと考えられる高齢者層と、今や全入（総定員＞総志願者数）かつ楽に卒業できる日本の大学を選ばず、言葉の壁が大きく卒業するのも簡単ではない海外の大学に進む若者は少ないと考えられる大学生層。つまり日本から他国に移住しにくい！高齢者と大学生にのみ、共産主義的な経済システムを試行してみてはどうでしょうか。例えば、年金と奨学金のみ、当事者間の再分配を制度化するのです。

２０２０年現在で、既に高齢化率が20％を超える超高齢社会の日本、イタリア、ドイツは、どの国も頭を痛めているのが年金制度です。そして、少子化が止められない先進国では、財源を次世代に求めても、支払い能力のある者の数が減っていく中で、**通時的に破綻**は必定です。ネズミ講より分の悪い詐欺みたいでしょう。人が減らない長寿の先進国が、人を増やさない少子化になるのは、生態系として、数を合わせる過渡期にも見えます。では、人の手による年金問題も、社会システムとして、数が合うよう思考実験してみました。

破綻を来さないためには、**共時的な当事者間の再分配**しか、永続可能なシステムはないと著者は考えます。

まず、年金制度は、貯金ではなく保険だと言う考え方を再確認します。そうすれば原則として、一定の収入や資産以下の国民にのみ、支給すれば良いはずです。

その上で、年金受給世代の間で、富裕層から貧困層へ、貯蓄税を累進的に課すなどして、資産を再分配するのです。どの程度を再分配するのかは、その時代の政治に問われる力量でしょう。

もし全世代で、共産主義的な再分配を行えば、働き盛りの世代は海外へ逃げかねません。しかし、年金世代になってから、無理して余生を海外へ逃避する者は少ないと考えます。もちろん、**再分配のため、年金世代の富裕層から国へ納めてもらう資産は、墓場までは持っていけない余剰分に留める**のが、制度存続のために必要な条件でしょう。そして、年金世代の富裕層に納めてもらった余剰分を、同じ年金世代の貧困層に再分配するのです。そして、より多くの年金世代が、国内旅行くらいは行けるような環境を創出し、不安定なインバウンドに頼る観光産業も安定させられれば、ポストコロナの国内経済が永続する理想的な展開でしょう。

以上の理屈は、2023年現在、大学無償化の対象にならない約8割の大学生における奨学金問題にも適用できないでしょうか。無償化の対象にならない学生の場合は、世帯収入ではなく成績を再分配の根拠にします。成績は、様々な努力次第で獲得できるもので、学究の動機づけにもなるからです。例えば、大学内で、成績が平均点というより中央値（最上位から下方に数えて全学生の半数に至った学生の点数。最下位から数えても同じ。）以上の学生には、優秀なほど段階的に学費を減免します。減らした学費の財源は、中央値以下の学生に求めます。成績が悪いほど段階的に学費アップで補填するのでした。これは、毎年行います。よって、**一年次の成績が中央値以下で学費増額されても、二年次以降毎年、成績上位者になれば、取り返せる**でしょう。そうすれば、諦めて退学しそうな学生にも希望があり、大学生の学究に対する大きな動機づけにもなるのです。また、大学側も、学費の増減で収入に変わりはなく、無償の奨学金を制度化するための新たな財源は要りません。

もちろん、研究機関である大学は、高校までのように、どの科目も同じような基準で成績が点くわけではありません。厳しい科目もあれば、評価基準が読めない科目もあるはずです。でも、それこそが、思想の自由市場たる大学のあらゆる可能性を秘めた授業のありようだと著者は考えます。研究者としてのスタートを切るべき大学生は、受講する科目の評価基準も研究した上で履修するのが、未知の研究対象に向けたサバイバル能力の向上につながるでしょう。その上で、科目ごとに違う努力を積むのと共に、科目ごとに違う評価基準も読み切れた成績上位者には、学費を減免し、それらの努力不足と共の評価基準の違いを読み切れなかった成績下位者には、奮起を促すように増額するのです。これが、渾沌とした社会で生き残る能力を養う、大学におけるサバイバル教育にもなるでしょう。実社会に出たら、公開された指標で業務が評価されるとは限りません。誰がどのような成果を評価するのか、読み切れた者だけが、出世または生き残れるのです。

もちろん、成績下位が続く者の中には、あらゆる努力もせずに、学費アップを嫌い、リタイヤして退学する者も出るでしょう。しかし、欧米に比べて卒業率が高すぎる日本の大学においては、退学者が出るのは、自然淘汰の範囲内だと考えます。また、無理な受験勉強をして、トップクラスの大学に入っても、その中で上位に居続けられないなら、二番手三番手の大学に行って、成績上位に居続けるというサバイバル法も可能でしょう。鶏口牛後の生き方です。つまり、第二第三志望の大学で成績上位に位置して、学費を減免してもえるという選択も、サバイバル能力と評価できるのです。結果、大学間の学力均衡にも、一役買える制度なのでした。実は、著者も高校はトップ校でしたが、その進学校で落ちこぼれ、大学と大学院は二番手三番手校で鶏口を狙い、それが評価されて現在の立場があります（拙著『サバイバル原論』pp.71-107.参照）。

以上は、大学院まで学費の完全無償化が叶うまで、過渡期の政策でした。最終段階は、もちろん未来への投資である全ての学費が無償化する国家像です。

但し年金にせよ、奨学金にせよ、著者は、どんな組織においても、**財源を当事者間に求めて、再分配するしか、永続可能なシステムはない**と考えています。しかし、それは共産主義的な経済思想を嫌い、海外に拠点を移す者が多くなる層には適用できません。あくまで、国内に居残ると考える数が多いであろう高齢者と大学生にのみ適用してみてはどうでしょうか。累進課税や社会保障といった共産主義的な経済システムは、現在でも部分的に取り入れている日本です。このテーマに限っては、著者の提案も、過渡期も含めて革命的ではありません。

■最適な投資！教育とは、地道な革命

著者が、ちょうど歯肉がん最初の手術後、対面授業に復帰した2022年7月、報道番組を見ていると、地元、大津市の保育園において、性の不一致のため、男の子なのに女の子の風体や振る舞いをする園児を、他の園児がいじめているというニュースがありました。そこで、良識あるコメンテーターが、今どきは「性の多様性」を園児にも教える必要があると訴えて、それが正論の様にスタジオで片付けられたのです。これに大津市出身の著者は、ジャーナリズムに関する授業で異議を唱えました。

幼児期には、生まれつきの危機管理能力（防衛本能）として、少しでも異質な相手を危険だと認知

するセンサー（神経）が作動して、それを排除（回避）しようとする行為が、絶対に必要です。誘拐犯が近づいて来ても、決して受け入れてはいけないでしょう。そんな幼児期に、大人は理解できる「性の多様性」を説明して、園児が峻別《しゅんべつ》できるのでしょうか。強引に理解させようと教化したら、危機管理のセンサーが壊れて防衛本能を失い、あらゆる相手の多様性を認めるセンサーに変えられてしまう恐れもあるのです。結果、怪しい人物が近づいて来ても、排除も回避もできず、多様性だと認めてついて行ったら、誰が責任を取れるのでしょうか。

幼児期のいじめは、危機管理能力の発動である場合も多いのです。だから、いじめた側の意識を変えさせるのは早急に過ぎます。いじめられた側を保護してケアする事に特化しておくべきではないでしょうか。もちろん、いじめを肯定するのではありません。学年を上がる毎に、理解できる段階に応じて、人間の多様性を教えて行くのが、成長に合わせた教育です。そして、それが学校におけるいじめ問題の間違いのない解消につながるのではないでしょうか。

以上の授業内容に関しては、最も多くの学生から理解できたというミニレポが提出されました。人間、がんでも何でも心身が弱っている時にこそ、置かれた立場に敏感になり、間違いのない弱者の視点に立てるのかもしれません。

そして、ADHD（注意欠如・多動性障がい）でもある著者の余談とはいえ、この問題を本書にも掲載した1番の理由は、学年が下がるほど、教育が難しいという現実の問題提起です。大学教育が楽だとは言いませんが、教える相手は道理が通じる成人年齢です。対して、性の多様性も教えがたい保育園児には、より繊細な説明や対応が必要となるでしょう。幼児教育こそ、本当は専門の大学院でも研《けん》鑽《さん》を積んだベテランの教員が行うべきだという根拠が、大津市の保育園で起きた性の多様性をめぐるいじめ問題にも表れていたのではないでしょうか。学年が下がるほど、高度な教育能力が必要と考えられれば、保育士に値する立場の待遇改善にもつながるでしょう。

待遇改善の原資ですが、先進国グループOECD（経済協力開発機構）の中でも、顕著に教育予算が少ないのが日本ですから、知財立国のプライドに懸けて財源がないとは言わせません。著者の持論ですが、まず国家の先行投資である教育を受ける側が支払う費用は、幼児教育から大学院まですべて無償化にして、税金で賄うべきです。論拠の1つとしては、大卒または院卒の国民が生涯、国に支払う納税額は、高卒の国民が生涯、国に支払う納税額より、どんなに少なく見積もっても平均して1500万円以上多いのです。それだけでも先行投資である教育費の無償化は、回収できていると考えられるでしょう。このデータは、Fランクと言われる定員割れの大学卒も含めてなので、大学を適正数に整理できれば、より知財立国に近づけます。

そして、教育を与える側である教員の待遇改善も、民間施設には支払い能力がないと言うのであれば、国の主導と教育予算からの助成で行うべきです。具体的には、学校におけるあらゆる事務仕事には専門職の配置を制度化して、教員の雑務を極力無くし、その分余裕を持って、ひたすら生徒や学生に**繊細な感度**で向き合える（前述の保育園におけるいじめ対応など）高次の教育環境を整えるべきです。それがイノベーション（革新的なアイディア）を生む人材の育成に繋がり、結果として、ようやく日本経済の再興も見えて来るのではないでしょうか。著者は、予算のためには、教育国債の発行も戦時国債などよりはるかに大義があると考えています。国債とは国の借金に他ならないため、回収できた暁には希望が拓ける目的に限定すべきだと著者は考えます。よって教育国債の他には、ローリスクでハイリターンな（太陽をつくるような）「核融合発電」の開発と実用化まで長期に必要な膨大な財源のため、エネルギー国債などが、著者には考えられるのでした。

ＡＤＨＤの著者は話が振れます。ごめんなさい。話は戻して、眼に見える学費を無償化しても、塾代など家庭におけるシャドー教育費とでも言える出費が大いなる負担であるという批判も聴こえて来ます。しかし、２０２３年の現在、ネットを渉猟すれば、YouTubeだけでもどれだけ無料の教育コンテンツに出会えるか、著者はびっくりしました。ボランタリーな講師によるオープンソースとも言えるレクチャーを見入ってみて、中学受験に失敗した著者も、これなら無料で難関校に受かるスキルは学べると確信したものです。

以上の様に、教育とは、地道な革命なのです。様々なチャンネルで、様々な人材が教育コンテンツを提供して、それを受けた様々な境遇の人材が、様々な才能を花開かせる環境を拓いておいて、成果はじっくりと待ちましょう。すぐには、恐竜から鳥類など生まれません。

■世を経《おさ》め、民を済《すく》う制度設計の確認と展望

英語が使えない日本人の事を、日本人自身が恥じるなど問題視するケースが多いですが、本当に困っ

た事なのでしょうか。

日本は先進国の中でも、英語を知らなくてもアルファベットからかけ離れた母国語で経済から哲学まで考え切れる稀有な国です。福沢諭吉先生に代表される明治の先人たちが、西洋の学問で使われる言葉もすべて日本語訳にしてくれていたおかげでしょう。経済は、economicを知らなくても語れます。ですから、その後の日本人は、西洋に阿《おもね》る事なく、日本語で学問を探究できましたし、日本独自の考え方で自律できたとも言えるでしょう。今でも、テレビ番組で、スカした業界人が、カタカナ言葉で説明して、有識者に「日本語で言えば、〇〇ですよね」などと嫌みで返されたら、スタジオは拍手喝采で共感される空気が自然です。

つまり、英語ができなくても、まずは日本語で深い考えをまとめた上で、仕事の場面でも実践し、必要があれば通訳という専門職を介護士さんの様に雇えば良いと著者は考えます。わざわざ、後付けの外国語を勉強して、相手がネイティヴの土壌に乗って交渉するなど、明らかに不利です。外交の頂上会談では、必ず元首の立場にある者は母国語で話し、両国が連れて来た通訳を介して交渉します。決して、どちらか片方が有利になる言語の土壌には立ちません。

消費税は、いつも上げるタイミングによって、有効策か、愚策かが議論になります。

確かに増税は、いかなる対象であれ、誰も責任を取りたくないので、適時に行われているとは思えない経済史の一面でした。

そこで、本当に税収が上がるとＡＩ（人工知能）が判断した時には、消費税を上げて、上げたら税収が下がるとＡＩが判断したら、下げるのも一案ではないでしょうか。人間が責任を負いきれない政策こそ、ＡＩに判断させるのが、著者の「ＡＩの最適なトリセツ」です。（拙著『パンク社会学』pp.36–46.参照）そして、消費税を上げても、景気が悪化して税収が下がるとＡＩが判断すれば下げればいいのです。ＡＩに任せて、**公定歩合と同様に上げ下げする考え方**です。

２０２０年、新型コロナウイルスで経済活動が落ち込んだ時など、臨機応変に上げ下げできたはずです。現在のように、消費税は右肩上がりが不文律となっていては、修正できません。世界的には前例があります。イギリスでは、サブプライム・ショックの２００８年に、付加価値税を13ヶ月間、下げました。そして２０２０年のコロナ禍では、欧州各国が消費税を下げています。

但し、元々20％を超えて高かった欧州の消費税なら、下げ幅によっては消費の喚起となるでしょう。しかし、最高税率10％程度の日本では、下げても微々たるもので、世論は現金給付を望んでいました。学生からの聞き取り調査でも、常に減税より現金給付を求める声は明白です。よって、著者の考える消費税を下げる経済対策は、税率が少なくとも20％以上になってからです。10進法の世界で生きる我々には、10％以上の上げ下げ幅なら大ナタを振るわれたインパクトに消費行動も左右されるでしょう。さらに、消費税の変動制に際して、小売店がいつでも対応できるレジの設置を、国からの全額補助か、少なくとも必要経費で賄えるようにしましょう。あるいは、すべての商品を、本と同様、消費税の上げ下げに関係ない本体価格の表示にしておけば簡単で機能的です。

しかし、富裕層も貧困層も、一律支払わなくてはならない消費税を上げると、少々払っても痛くも痒くもない富裕層が有利で貧困層に不利です。逆に消費税を下げると貧困層が有利になるかというと、多く支払っていた富裕層も税金を多く払わなくて済むのでやはり有利だとも捉えられるでしょう。この逆進性のジレンマに唯一有効な対策は、政府が必要とされる貧困層だけに、給付金相当を分配する事ではないでしょうか。しかも、税収から〝日本の株式とだけ交換できるバウチャー〟（本書「1．度肝を抜く！日本の株式とだけ交換できるバウチャー制度」参照）で給付すれば、再分配としても明快かつ日本経済の活性化にも有効だと著者は考えています。

年金に関しては、もうひとつの決定すべき事項、支給年齢を遅らせる問題があります。しかし、これには連動して定年を遅らせるしかありません。平均的な定年と平均的な年金支給開始時期にギャップがあれば、その間多かれ少なかれ、貧困が生じるからです。対策は先述した通り、子を儲けたのを機に、給与がピークに跳ね上がり、その代わり、子が成人以降は給与が右肩下がりで、定年は延長され、年金支給も先送りにできる制度設計しかないでしょう。一般的にも企業や官庁が、積極的に定年を遅らせるためには、ある時点で、年齢が上がるにつれ、給与を下げるトレンドを作るしかないのです。現実には行われていますが、公然と制度化しないと不満がくすぶるだけでしょう。

但し、著者のように子どもに恵まれなかった世帯や既に子が成人した世帯の中には、突然の制度変革に馴染めない方々もいるでしょう。そこで本書の冒頭でアジテーションした！全国民を巻き込んだ経済対策も確認しておきます。特にコロナ禍など有事の際の劇薬です。

パンク経済学の第Ⅰ部では、最初から、先進国の中で最も長らく経済成長率が低く、賃金も上がらない日本経済に効くカンフル剤を提言して来ました。個人資産も、貯蓄から投資へと転換が求められるご時世、著者は、コロナ対策として全国民に配られた給付金に替わり、〝日本の株式とだけ交換できるバウチャー〟を配布する策を提案しています。すると！日本の株式限定バウチャーで、国民の中には少しずつでも投資すべき業態や企業を研究して株を買う者も現れ、増えて行けば結果として、国民の意向で産業の方向性が定まり、全国民に後押しされて、経済成長が叶えば賃金アップにもつながる好循環となる可能性が湧いて来るでしょう。また、全国民が株式を新たに保有すれば、全国民が〝日本経済という株式会社〟の株主となり、好循環が機能すれば、給付金に替わる配当も受けられる希望も湧くのでした。

それでも通時的に先送りしても、少子化が続く限り、国民全体における納税の能力も減退して、足りない介護の資金などは、共時的な右から左へと当事者間の再分配しか、永続可能なシステムはないと、かねてより著者は考えています。つまり、墓場まで持って行けない資産のある高齢者から、介護に必要な資金のない高齢者への再分配です（拙著『大学というメディア論』pp.69–72.および拙著『パンク社会学』pp.136–141.参照）。

以上は、もちろん、スキだらけの制度設計です。単なる理想論かもしれません。でも、希望を夢見られなければ、マインドに左右される経済は好転せず、国家も人間も心身とも健康的には長生きできません。

著者の奇策で、結果、安心して子どもを育てる次世代が増えれば、この国は生き残れます。そして練りに練った制度設計が、一部でももしも成功すれば、課題先進国の解決策として、これから少子高齢化に臨む全世界に提供して、国際的な社会貢献ができるでしょう。せめて、次代を担う若手の政治家たちから提出されるマニュフェストには、たとえ荒唐無稽であっても夢と希望を抱ける政策を盛り込んで欲しいものです。

前田研究室のゼミ生から、「これからの選挙においては、少子化で少なくなる若者1人に、超高齢社会で増える高齢者の倍、2票を与えて欲しい。」という提案がありました。無謀でしょうか。

しかしそれは、責任ある存在として長く生きる（責任を負う）人間の意思を、より重く尊重するべきだという考え方に基づき、平均余命に比例して、一票の価値（重み）を配分する制度設計に展開できます。極論であることは承知の上で、どんな意見にも一分の理を認める指導教授の著者は、一見暴論に聴こえるこのゼミ生のアイディアを、正論に近づけるようアップグレードしてみました。後、何十年も生きるとは責任を負うことであり、その人間の意思を、残り少ない平均余生の者より尊重するため、平均余命の長さに比例して投票ポイントを付与するシステムを考えてみたのです。余命の長さ＝責任の長さ≒義務の重み＝権利としての一票の重みが、少なくともそれぞれの長さや重みに比例すべきだと著者は考えました。パンク政治学の第Ⅱ部で、詳しく説明します。

その前に、この極論を紹介して後押しするのには、理由がありました。

授業で取った社会問題に関するアンケートで、学生たちの回答を読むと、必ず高齢者になる若者たちには、自分の老後を心配して、豊かな高齢者政策を望む内容が多いのです。年金などは最たるものでしょう。逆に、二度と若年層に戻れない高齢者たちに、若者向けの政策を考えてもらうメンタリティを望むのは酷かもしれません。少子化の上に、孫がいても同居が叶わず、多くが別世帯ならなおさらです。よって、必ず歳を取る若者たちは、意外と高齢者政策にも理解を示しているからこそ、余命投票制度という極論を俎上に載せて考えてみて欲しいと、著者は思えるようになったのでした。

もちろん少子高齢化社会の大団円を迎えるよう、全ての世代に納得してもらうためには、1980年代に統計学者ポール・ドメインが精緻な計算式で提唱したと言われる「世帯ごとに一票」という考えも出来ます。親、子、孫までの政策をまとめて考えての一世帯一票です。

但し、コロナ禍における給付金でも問題になった世帯内にDV（ドメスティック・バイオレンス）が発生して、世帯主に一律権利を与えられないケースなどは、これを機に物理的に没交渉できる「世帯分離」を勧めてもらいます（拙著『高齢者介護と福祉のけもの道』pp.85–112.参照）。そして、単身世帯が増えて行くようであれば、それは個人主義が反映されるその社会の宿命だと受け止めましょう。

また、世帯ごとに一票として、家族間で意見が違う場合の考え方ですが、日本の政治は間接民主主義で議院内閣制です。国のトップリーダーである首相を選ぶ投票に、国民一人一人の票は反映されません。議員一人が、その選挙区にいる有権者のそれぞれ違う意見も取りまとめたことにして、首相選びに一票を投じて来たのです。つまり、既に日本の国民は、国の最高責任者を決める選挙で、区分けされた中にいる数多の有権者が代表者に一票を委ねて来ているのです。

有権者が国のトップを決める間接的な手続きを振り返ってみたら、もっと小さな世帯ごとに1票という考えも、大きな違和感は生まないのが道理ではないでしょうか（拙著『高齢者介護と福祉のけもの道』pp.147–152.参照）。

3 そして、経済拡張の論理

■ラディカルな広告論

広告は、消費活動の前衛です。

不況になると、企業ではまず広告費が削られますが、それは健全な経済状態とは言えないでしょう。

2008年、リーマンショックの時には、大手の広告会社に内定していた優秀な前田ゼミ生も、内定が取り消しになりましたが、まさに不健全な経済状況です。同時に、最大手の鉄道会社のグループ企業である広告会社に就職した前田研究室の女子は、安泰でした。

独立した広告代理店は、クライアント（広告主）からの発注が激減すれば、業務を縮小するしかないでしょう。当然ですが、人員のリストラもその一環です。但し、公共交通機関の子会社としての広告会社なら、クライアントは親会社で、公共性のある交通情報の告知が、どんな時でも常に必要なのでした。よって、景気に左右されることなく、サステナブルに広告業務は続きます。

そこでキャリア支援委員でもある著者は、広告業界を目指すゼミ生に、公共性のある告知が常に必要な親会社のある広告会社か、逆に広告が魅力的な企業（自動車や嗜好品など）、即ち広告を発注するクライアントの大企業で、広告部に配属されることを目指せと助言しています。独立した広告代理店は、今や最大手でも国家イベントの贈収賄事件で叩かれ、安泰とは言えません。

これは、著者が所属する文化・歴史学科で、多くの学生が目指す博物館学芸員の資格を活かす就職と同様の考え方でした。主要都市の博物館に学芸員で就職するのは難関大学の大学院卒でも難しいです。博物館の数は、学校の数よりはるかに少ないので、教職に就くより学芸員で就職できる人はごく少数に限られているでしょう。しかし、同様の仕事をしたいのであれば活路はあります。例えば、地方公務員に採用されて、文化財課などに配属されることを目指せば、扱う対象は学芸員と同じでしょう。そして、公務員試験なら学部卒でも応分の努力が報われるはずです。

つまり、やりたい仕事の発注側に回れば、発注されなくなる心配はなくなるのでした。

さて話は広告に戻すと、広告とは、消費社会の仇花でも、無駄な役割でもありません。著者は、成熟した高度消費社会において、広告が消費欲増進のため、食前酒の役割を果たしていると考えているのです。その証左に、かつてマルクス主義経済学者であったバラン＆スウィージー（１９６６）でさえ、資本主義が進むと、価格競争に代わり、新しい販売増進方法が消費を促し、経済を動かすようになると説明しています。そして、その販売増進方法の一つが、広告であり、経済を好循環させるマッチポンプとして機能するとも示唆しているのでした（邦訳『独占資本』pp.141-142.参照）。

わかりやすく言えば、プレイヤーだけいれば成立するスポーツでも、ゲームを盛り上げるために、一見無駄な応援も必要不可欠でしょう。景気は、マインドです。経済も市場を盛り上げるためには、広告による消費喚起が必要不可欠なのです。そして、例えばディスコ好きの著者のように、広告に踊らされて消費や浪費をしても、最後まで踊り切れば、阿波踊りの様相「踊るアホーに見るアホー！同じアホなら、踊らにゃ、損損!!」で文化的には有意義だとも言えるしょう。但し実際に、著者が独自の奇怪なダンスを踊るなら１９９３年、Ｕ２のZooTVツアー、ウェンブリー・スタジアム公演を見て踊った帰りにロンドンで出会ったエレクトロニック・パンク!・The Prodigyの曲に限ります（拙著『サバイバル原論』pp.98–102.参照）。

そんな踊るアホーの著者が直面している寂しい現実があります。かつてほぼ完全に思想の自由の市場だった大学の教育現場が、徐々に異端者を淘汰してゆき、現在たどり着いているのは誰もが認める優等生しか教員になりにくい時代なのです。著者が、私大文系の大学院に進学した１９８０年代は、マスコミ論で大学教授を目指すなど変わり者しかいませんでした。だから、誰も考えないような学説や理論が百家争鳴だったものです。大学院でも、学会でも。しかし、今や誰にもケチをつけられない模範解答みたいな業績がある研究者でなければ、大学教授への道が難しいのでした。それでは、大学や学会でなくとも、イノベーションなど生まれません。優等生の模範解答が大学教員に求められる資質であれば、ＡＩの方が確実かつ膨大な先行研究を揃えて模範解答を出してくれるでしょう。大学も学会も、ＡＩに任せるべきです。

なぜ、大学への愚痴を挿んだのかというと、学生から「前田先生のような誰も思いつかない発想と説明ができる大学教授になりたいのですが、これからはどのような分野を専攻すれば可能でしょうか？」という趣旨の質問があり、「もう、今の大学では、わたしみたいな異端者は採用しくれないよ。その理由は……」と答えたことに、端を発します。次に学生から「では、どんな業界に就職すれば、前田先生みたいに誰も考えつかないようなアイディアを実現可能ですか？」と来たので、著者は「最後に残されたカオスな職業が、広告業界だと思う。」と答えたからです。そして、その授業では、「サルから見れば、無駄に見えるものにこそ、人類のみが持ちえる高度な文明が隠されているのです。」と説明して、時間を終えた覚えがあります。近未来ＳＦの金字塔、映画『ブレードランナー』の中にも、街中で堂々と〝広告〟が出て来ましたから。

沈滞している大学にも起死回生を望むなら、異端への投資が必要でしょう。

その前に、少なくとも本書の執筆開始時、２０２２年まで停滞している「賃上げ」を国是とするならば、国策が必要です。つまり、〝人への投資〟を政府が先導し、手本を示さなければなりません。具体策としては、最高学府である大学まで無償化プラス、返済不要の給付型の奨学金を行き渡らせるのも一案でしょう。わかりやすい次世代への投資だと世論にも写ります。大学無償化や給付型の奨学金には、大学へ行かずに働いている方々から不公平感が出て来るかもしれません。しかしあまり知られていないので何度も言いますが、難易度の拘わらずあらゆる大学卒以上の方が、生涯納める税金の額は、それ以外の方々より、少なく見積もっても、１５００万円以上多いのです。彼ら彼女たちが、何らかの生産性を上げた結果でしょう。ならば、大学無償化も給付型の奨学金も、お釣りが来る大いなる投資だと言えます。そしてそれが理解されれば、行動経済学（従来の経済原則に、関わった人々の心理的な動機付けを加算した考え方）の原理を起動させ、〝人への投資〟という気運（マインド）を高めるのではないでしょうか。その先、「賃上げ」に結びつけば、理想的な好循環です。

そして、大学においてもＡＩの様な優等生ばかりではなく、〝異端者枠〟でもいいので変わり者の研究が再起動して、日本の経済にも及ぶ様々な分野でイノベーションにつながれば、まさに起死回生となるでしょう。但し、著者の異端者イメージは、天然記念物の様に大事にされるギフテッド（先天的な偉才）ではありません。良識ある大人たちから大切に育てられたギフテッドと呼ばれる子どもたちの能力は、少なくとも表現方法が型にはまっているようにしか見えません。なにすんねん!?とツッコめるような想定外の能力を感じられないのです。ギフテッドだったと後にラベリングされたエジソンも、アインシュタインも、子どもの頃から天然記念物の様には大事にされていなかったはずです。iＰＳ細胞を生み出してくれた山中伸弥先生も、早くから大事にされていたら、異端の発想など湧いて来なかったでしょう。よって、著者が魅了されるのは、特殊な培養機関ではなく王道を生きて来た過程でエッジを効かせながらも、アウトローにはならずに、アウトサイダーに踏み止まった異才です。著者が、２度も重篤ながんから生還できているのは、型破りの天才外科医とノーベル賞を受けた掟破りの免疫療法のおかげでした（拙著『楽天的闘病論』pp.1-87.および『２度のがんにも！不死身の人文学』参照）。

■マーケットは、無限の宇宙で大航海時代

相手を攻撃して潰しに来るハラスメントは、生産性がありません。ロシア軍による、ウクライナ侵

攻を見てもわかるでしょう。生産性のあるハラスメントがあるとしたら、対象を攻撃するより、相手を超えるイノベーションなどで社会的な成果を見せつけ、相手に劣等感を覚えさせることではないでしょうか。もちろん、その成果は戦果ではなく、世界的にも意義のある生産物（学説なども含む）でなければなりません。そして、相手も劣等感をバネにして、より良い社会的な成果を挙げ返してくれれば、人類の進歩につながります。そうです。スポーツに似ているでしょう。

閉じた生態系である地球上では、有限の陣取り合戦で、ロシアのウクライナ侵攻以降、世界的には生産性のない争いが続きそうです。かつては、オリンピックで金メダル争いをすることで、代替されていた時期もありました。オリンピックなら、戦争とは違い、勝ち負けが判明しても、死人が出ないどころか、お互いを讃《たた》え合うことができます。これこそが、文明人の知恵だったはずです。ところが、ドーピング問題で、今や共通のルールがご破算になってしまいました。では他に、人間の屍を作らない競争はないのでしょうか。

著者には、地球上における人類史を顧みて、その経験値から、開かれた生態系であろう宇宙で、無限の開拓合戦を行う、軍拡競争ではない宇宙開発が考えられます。地球という閉じた生態系の中で限られた資源を奪い合うゼロサムゲーム（得した人と応分に損した人がいる合計プラスマイナスでゼロになる±0の様式）とは違い、宇宙開発は、無限の市場に乗り出すプラスサムゲームにもなり得るでしょう。

そして経験値とは、人類初の有人宇宙飛行が1961年、旧ソ連（現ロシア）でしたが、初の月面着陸は1969年、USA（アメリカ合衆国）という競い合いの歴史です。これなら現在、超大国のロシアも中国も持てる技術で、競争のルールに乗って来られるのではないでしょうか。因みに、中国は

2013年以来、探査機を複数回、月面着陸させており、2019年には月の裏側に届いています。また、インドも2023年、無人探査機を月面着陸させました。早急に「地球外の資源は、人類共有の財産」であるというルールが敷ければ、他の星から地球で文明の発展に使えるようなレアアースなどを持ち帰れた国が勝利宣言した場合、オリンピックの様に他国も負けを認めて讃えられるのではないでしょうか。人類にとって最大多数の最大幸福(／リスク最小)をもたらす生産性のある成果ですから。

1967年に発効した宇宙条約では、宇宙空間における国の領有権は認められておりません。この条約には、現在100ヶ国以上が批准しており、その中にはもちろん、米中ロなどの大国も含まれています。生産的な競争の下地はできているはずでしょう。もちろん、オリンピックにおけるドーピング抜け駆け問題の轍を踏まないためにも、メディアによる相互監視などが、軍拡競争ではない宇宙開発を定着させる工程には、絶対に必要です。その上で、宇宙開発なら、軍需産業からも転換しやすく、結果として戦争とは疎遠になってもらえれば、世界平和が近づきます。もちろん机上の宇宙条約だけでは、ドーピング問題と同様で、軍拡抑止にも限界があるのかもしれません。それでも抑止できなかった場合、ウクライナ紛争の様な血で血を洗う地上戦が起きるよりは、オリンピックがスタジアムで決着するように、争いの場が宇宙なら、宇宙空間だけで決着してくれたらと願うのでした。ゲーマーによるスター・ウォーズの様相です。いや、現実離れした宇宙空間だけの戦争こそ、もしも起きたら、形而上(想像しかできないゾーン)において戦争は無意味だと全人類が認識し、結論付けられると信じたいのです。

そして2023年現在、米国主導の「アルテミス合意」と中国主導の「アジア太平洋宇宙協力機構」

が、月をめぐる綱引きをはじめているようにも見えるのでした。

もしも、平和な宇宙開発の競争だけに落ち着けば、実は2010年、超低燃費のイオンエンジンで、小惑星から砂などのサンプルを持ち帰った「はやぶさ」の技術がある日本にも、種目によっては勝機があるでしょう。オリンピックでは、なぜか陸上の短距離走だけ、小国のジャマイカが、アメリカをも凌ぐ選手を輩出するように。

この様に、前向きな知力の競争こそ、人類の健全な進歩に寄与するのではないでしょうか。気に入らない他者へは攻撃を繰り返して排除し、自分を認めさせる行為など、進化した知恵のある人類がやる事ではありません。

余談ですが、我らが近畿大学も、マグロの完全養殖の次には、新たな研究の沃野として、宇宙開発にも乗り出しています。海の次は、宇宙です。2022年11月7日、「宇宙マグロ1号」という宇宙を回遊する超小型衛星を打ち上げました。衛星に取り付けた反射材により、地上から観測できるのです。さらに著者は、平成26年度の近畿大学入学式でゲストスピーカーに来てもらった堀江貴文さんとも手を組めれば、彼が後押しするインターステラテクノロジズのロケットを使えると勝手に期待するのでした。はじまりはマグロでしたが、本当にはじまった時は、大海を回遊するマグロを生け簀で完全養殖できるなどと、世界中の誰が信じていたでしょうか。次は、宇宙を回遊する人類です。

行動経済学が、杓子定規な経済学に、不明確な人間の心理を加味した地平に、著者は夢想の経済学しか考えられません。

II

パンク政治学

舛添要一さんのテレビ登場以来、〝国際政治学者〟という肩書きが幅を利かせているメディアの政治解説です。しかしどこの国でも、多少なりとも生活に不満のある国民の多くが最初に求めているのは、〝国内政治学者〟の役割なのではないでしょうか。足元の国内政治が安定してから、国際政治でなければ、他国に足元をすくわれるでしょう。侵略は、国内政治が不安定な国が狙われます。

とはいえ本書は第II部でも、国内の政治学を網羅的に語る内容ではありません。誰もが感じている日本政治の閉塞感を打破するために、パンク（型破り）な政策を提言しています。政治学の各論におけるパラダイムシフト（掟破り）。それは著者が勝手に、良民の欲求不満を解消するカタルシス効果を狙っているのでした。

ｉＰＳ細胞など、何にでもなれる万能細胞を創り上げた人類なら！自らの営為である政治《まつりごと》に、どの様なパラダイムシフトを起こすのも不可能ではないはずです。

以降に展開される〝即興政治学〟の片鱗は、著者が血気盛んな大学院生だった頃にはじまっています。著者は１９９１年６月29日深夜、テーマ「緊急激論！土井辞任‼ドーなる社会党⁉」の討論番組『朝まで生テレビ』（テレビ朝日）をスタジオ観覧に行き、果敢にもフロアから手を挙げて発言しています。

若き著者の発言内容は、「自民党と共産党という両極があれば、社会党など不要ではないでしょうか。だって自由民主党の政策も自由放任主義ではなく、累進課税や社会保障などといった社会主義的な制度を既に実現しているのですから、社会党の存在意義はありません。」との趣旨でした。後からＶＴＲを確認すると、青き大学院生の著者発言に大きく頷いて下さったパネリストが、国際政治学者の舛添要一さんだったのです。その後、日本社会党は雲散霧消しました。

1 有権者の責任

■民主主義の前衛は、有権者にあり

民主的な選挙で台頭したナチスに関しては、当時のドイツにおける有権者も批判されるべきとされて、実際に批判されてきました。しかし、現在の日本では、政府を批判する評論家（pundit）たちも、決して政府与党の議員に投票した有権者に対して批判はおろか、批評すらしません。それは、民主主義の主役である有権者を無視、または軽視したパンディトクラシー（punditcracy）、すなわち評論家のご都合主義ではないでしょうか。著者は、民主的な選挙が行われている以上、選ばれし国会議員で構成された内閣の責任は、遡《さかのぼ》れば議員を選んだ有権者にたどり着くと考えます。有権者の責任は、議員を任命した責任に近いでしょう。

そして選挙となれば、投票を呼び掛けるのが、唯一無比の大義のように思われていますが、著者はそうは思いません。特に、清き一票などとセンチメンタルな呼称を繰り返すのは、メディアの大義ではなく、詐欺まがいの偽善です。

例えば、何の条件もなく投票を呼び掛けた結果、候補者が掲げる政策を何ひとつ検討しないばかりか、まったく知らず、候補者の見た目だけでも投票する数が増えれば、日本の為になる選挙だと言えるのでしょうか。逆に、投票率が低くても、候補者の政策を検討した有権者ばかりが投票した方が、結果の政治に期待できますし、責任も問えます。もちろん、表向きは候補者の公約を検討したかに見える組織票ばかりになれば、客観的な政策の検証をしないで動く独裁に発展しかねない国論になるので、問題でしょう。でも明らかに組織票だけで当選が決まるような傾向になれば、さすがに誰もが気づいて、民衆理性が働き、少なくとも次回の選挙では覆《くつがえ》るはずです。そのために二院制があり、選挙は機能しているのでしょう。

そこで、安全かつ健全に選挙を行うためには、有権者に緩《ゆる》いテストを課して、パスした者だけに投票権を与えるという考え方もできます。この方法は著者に限らず、ずっと前からあちらこちらで囁《ささや》かれていました。しかし、問題を出す資格が誰にあるのか、誰かの意図によって問題が作成されれば、中立公平な投票資格の審査にはなりません。また、全国津々浦々で中立公平になる問題を作成するためには、大学入試の共通試験のように膨大なコストがかかるでしょう。利権の温床にもなりかねません。税金を使う政策を実現させるために、考えるべき重要な問題の1つは、コストをいかに低く押さえて利権を生まないかです。

著者には、候補者の政策を検討した有権者だけに、投票権を与える簡単な策、簡易検査のような方法が腹案としてあります。

それは投票所で、候補者全員のマニフェストに書かれた**公約の穴埋め問題**を、有権者に課すのです。そして、例えば、8割以上正解なら、候補者のマニフェストを比較検討したとみなされて、投票用紙を受け取れるのです。不正解が多い有権者は、候補者の政策を検討していないとみなされ、投票用紙がもらえません。但し、投票の機会を取り上げるのが、テストの目的ではないので、時間内なら何度でも出直し可能にするのです。結果として最低限、候補者のマニフェストを見比べてもらい、公約の穴埋め問題を8割正解した時点で、投票用紙を受け取れるようにするのが、はじめて課す試験として妥当な内容だと言えるのではないでしょうか。このようにして、試験内容は原初形態にしても、少しでも候補者研究を促してみるのが、健全な民主主義の育成、そのはじまりだと著者は考えています。

投票日だけでも、候補者の公約、政策の比較検討が身に着いた有権者には、日常でも、政治家には目を光らせておいて欲しいものです。とはいえ、なかなか日頃の仕事や生活に追われている有権者は、政治家の政策などチェックする動機づけが高まりません。そこで、世間の好奇心をそそる情報を開示してもらって、政治家のチェックをしてもらう案を考えました。

まず政治家を標榜する者の収支は、すべてクレジット機能を付与した本人のマイナンバーカードで決済し、瞬時に自身のHPで公開されるようにしてはどうでしょう。自分の選挙区にいる政治家の金の出し入れが、スマホですぐにチェックできれば、衆人環視です。

少なくとも、議員として当選した者には、義務付けるべきでしょう。そうすれば、国会議員に領収書なしで使える費用が支給されても、国民は監視できます。極論ですが、風俗店に出入りしている明細がHPに反映されたとしても、その議員が実現させた政策を支持する選挙区の有権者が多かった場合、メディアも咎《とが》められず、最終的には政策ありきの政治家評価が根付くのではないでしょうか。

その上で、政治家の不祥事を減らす抜本的な解決策は、問題の議員を当選させた！根っこに位置する有権者に、責任を問うことだと著者は考えます。

メディアは、客層（有権者に当たる視聴者や読者など）を敵に回したくないので、有権者批判をしません。しかし、一旦身を引いた汚職議員でも、みそぎ当選させる有権者を正さなければ、国益に適わない議員も浄化できないのが民主主義です。そんな議員は、選挙区内の有権者たちから、汚職はしたけれど地元へも利益誘導してくれるからと票を集めて、ゾンビのように生き残るのでした。もちろん汚職はしたけれど、地元にだけではなく、余りあるほど国益に適う仕事をしてくれていたのであれば、大義を認めましょう。国際的には、どの国でも政治家が表沙汰にできないダーティーワーク（根回しやロビー活動、諜報活動など）をしながら、外交交渉で国益を守っているのですから。但し、選挙区だけへの利益誘導では、国政を担う国会議員にふさわしい活動ではありません。地方議会議員の役回りでしょう。

著者には、時と場合によって、メディアが、こんな議員を当選させたら、○○市民の恥で、○○市民とは名乗れないですよ！と自戒を求めるところまで、有権者たちを追い込み、反省させることも必要だと考えます。もちろん、同じ時間、有権者からの反論も報道します。結果、健全な民主主義国家であれば、政治家の資質だけではなく、議員資格の決定権者である有権者の資質を問うことも、マス・メディアのありよう（使命であり大義）となるのではないでしょうか。

議員の不祥事は、選挙区の有権者も連帯責任で、議員の有罪が確定した場合、投票した有権者の一定期間、公民権を停止する案はネットでも良く言われています。しかし著者は、次回の選挙のみ、有罪議員が出た選挙区の定数を1減するというペナルティが、最もわかりやすくて公平だと考えるのでした。有罪議員の分だけ、1回は同選挙区から国政への発言権がなくなるのです。

ただ、利益誘導と言うと悪いことの様にイメージされますが、地方創生のためなら、必要な権力の行使とも捉えられます。つまり地方創生のためには、一票の格差を拡大させ、地方の国会議員を増やして、都市の国会議員を減らすのも一理あるのではないでしょうか。都市部など、わざわざ国会議員が利益誘導しなくとも、物流から、ロジスティクス（効率的な物流）やサプライチェーンマネジメント（企業間の物流管理）まで、地政学ならぬ地経学から、放っておいても経済発展するでしょう。しかし、地方は、国会議員の力技でも行使しなければ、新幹線も届きません。そして田中角栄さん然《しか》りですが、もはやカリスマ1人では動かせない利権のご時世です。地方に数多くの国会議員、マンパワーを配備しなければ、日本列島そろっての経済発展など見込めないのではないでしょうか。

但し、地方に多数の国会議員を配置すれば、コストがかかり過ぎるというのが全国民の考えであれば、著者には解決できる極論がありました。良識の府と言われる「参議院」＝「全国知事会」にパラダイムシフトするのです。すぐに機能が移転できますし、コストも大幅にカットできるでしょう。何よりも、コロナ禍では、地域ごとの事情を鑑みるのに、鳥取県の平井伸治知事を会長に据えた全国知事会が機能していたではありませんか。但し、各都道府県ごとに1代表なので、国民一票の格差も大幅に開きます。しかし、それこそが地方創生でしょう。アメリカの上院議員は、人口に関係なく、州ごとに2人と決まっています。

余談ですが、来るべき顔認証さえ登録すれば、マイナンバーカードも申請と受付と交付の手間を省いて全国民に送り付け、使いたい人だけ使うのが最も効率的です。これまでも健康保険証は、資格のある全国民に送り付けて問題はなかったでしょう。

■有権者ごとの責任能力を問え

若者が政治に関心がないと悲嘆する大人の気持ちも分かります。しかし、著者自身は若者であった頃から、過敏なセンサーで、清き1票などと言うセンチメンタルなキャッチコピーは、現実に何も機能しないことも理解していました。よって、若者におもねるのではなく、責任を負わせてみては、どうでしょうか。次世代に任せて国が滅びたら、仕方がないと考える運命論者の著者です。

著者の考える若者に賭けた具体的な方法は、まず被選挙権を、選挙権と同じ年齢に下げる事が大前提として！「余命投票制度」を極めて単純化して導入するのです。

ネットでは、様々なインフルエンサーが、もう少し洗練された「余命投票制度」の導入を、アジっていらっしゃると又聞きしました。しかし、無限の沃野が拡がるネット空間を深追いするのは、ADHD（注意欠如・多動性障がい）の著者には難しく、適応障がいを引き起こしかねないため確認できていません。ごめんなさい。但し、著者がアジる「余命投票制度」は、極めて単純化された様相なので、共感はできなくとも直ぐにご理解いただけるでしょう。

簡単な（例）で説明すると、投票時の平均寿命−投票者の年齢＝投票ポイントとなります。平均寿命が90歳で、20歳の若者が投票したら、90－20＝70ポイント。逆に、90歳以上の高齢者は投票しても、0ポイント。著者は60歳（2024年2月時点）なので、90－60＝30ポイントです。これなら、若いほど1回の投票でのポイントが高く選挙結果に反映されるので、投票に行く動機づけにもなるでしょう（拙著『高齢者介護と福祉のけもの道』pp.150-151.参照）。

また、持ち点制度になれば、例えば市会議員選挙などで、持ち点を複数の候補者に自由に配分する事も可能とするのです。特に都市部では、選挙区定員が30人以上の場合など、更に多くの立候補者がおり、市政を運営して欲しい人物も複数挙げられる有権者も多いはずです。よって、その思いを持ち点配分で活かす事が、投票の動機づけになり、より良い民意の反映にもなるのではないでしょうか。20歳で、持ち点が70ポイントあった場合、A候補に40ポイント、B候補に25ポイント、C候補に5ポイント投票できれば、その選挙はより詳細な民意の反映となるはずです。

改めて確認しますが、「余命投票制度」は若者を優遇するという甘い考え方ではありません。平均して、**あと何年、日本に責任を負うか**で政治にコミットするという社会思想なのです。余命の長さ＝責任の長さ≒義務の重み＝権利としての一票の重みが、比例して政治に反映されるべきだとは考えられないでしょうか。

時代を本当に変革できるのは、清き1票などというセンチメンタルな〈**意識改革**〉**より、本当に機能する**〈**制度改革**〉でしょう。例えば、半数ずつが入れ替わる参議院選挙の2回に1回でも「余命投票制度」を試してみることが出来たならば、ローリスク＆ハイリターンな制度改革の社会実験となるのではないでしょうか。たとえ、とんでもない結果が出たとしても、参議院議員の半数なので、次回にやり直せば、ある程度はリカバーできます。著者は、参議院議員選挙を、理想の選挙制度にたどり着くまで、試行錯誤を繰り返す〝社会実験院〟にしても構わないと考えています。かつての貴族院がルーツの参議院が、理想をめざす府となっても、間違った流れではないでしょう。もちろん、国家の重要事項を決める優先権は、衆議院に与えてある現状が前提での試行錯誤です。気鋭のアジテーター、イエール大学助教授の成田悠輔さんも著書『22世紀の民主主義』の冒頭（pp.5-8.）から、選挙のルール変更こそが、意義のある革命だと位置付けていました。

現代の時事問題、社会問題に唯一無二の正解などありません。正解は、歴史が振り返って決めてくれることでしょう。現時点で、我々がなすべきことは、できる限り有効な選択肢を提出する事だと臨床社会学者の著者は考えています。

そこで著者は、子どもが成人して投票権を得るまで、子どもの頭数は保護者の票に組み込まれるのも、有効な策だと考えました。例えば、３人の子育て中のシングルマザーｏｒシングルファーザーなら、４人分の票があり、さらに「余命投票制度」も加味できれば、３００ポイントほどにもなります。これは、少子化対策にも大いなる追い風となるでしょう。

また、若者の政治参加を促すためには、国政選挙でも地方選挙でも選挙期間中、候補者は全員、選挙区の中学と高校を回って演説するシステムを考えています。中高に存在するのは今、選挙権がなくとも、確実に選挙権を得る次世代でしょう。多かれ少なかれ思想の偏りがありながらも成績の決定権者である教員が政治経済を教え、バイアスを掛けて政治参加を促すよりも、現時点では利害関係のない実際の候補者に啓蒙してもらった方が、思想的な偏りがあっても、成績を恐れることなく生徒自身で判断が下せます。成績の決定権がある教員の授業より、公平な社会勉強で来るべき投票への真っ当な動機づけになるでしょう。そして、選挙ごとに候補者の主張を聴かされて経験値を積んだ中高生が選挙権を得た時、自然と熟考の末、投票に行けるのではないでしょうか。確実に若者の投票率は上がると考えます。

2 政治家の責任

■政治家のなりよう（なって欲しいひと）

若者の投票率が低い一因は、日本の政治は、選挙で変わらないと諦観ムードが蔓延しているからです。よって著者は前述の通り、抜本的な制度改革として、平均余命に応じて、一票の価値を高める極めて単純化した「余命投票制度」を、参議院で試してはどうかと提案して参りました。しかし、多くの学生が期待する実現性と即効性のある回答にはならないでしょう。

そこで、理想論とは位相を変え、すぐに使える奇策も弄《ろう》してみるのです。

現在、自民党が盤石の日本政界ですが、それが不満でもしも政権交代を図るなら、野党バラバラの政策では自民中心の政権とは激突できず、激突できても世論の多くは自民党の政策を支持するでしょう。

それでも政権交代を図るなら、選挙制度を変えるのではなく、ゲリラ的に利用します。

そこで、「余命投票制度」や「全国知事会」で代替する案を提唱した参議院に続き、衆議院選挙における起死回生の奇策です。衆議院の比例区は、各党が出した名簿順に当選して行く仕組みの拘束名簿式です。

よって、政策面では共闘できなくても、野党すべてが比例区の名簿順位を、女男女男か、男女男女と、性別を交互に並べてみてはどうでしょう。但し名簿に載せるのは、小選挙区との重複立候補は避けて、比例単独候補だけに絞ります。すると結果として、衆議院選挙の比例区で野党は、男女同数の議員を輩出して、男女同権を実現できるはずです。もちろん、男女どちらでもない性認識の候補を間に入れるのも一案です。結果、たとえ当選者が少なかろうが、少なくとも男女同権という公約を、比例区においては実現させたニュースは、新聞、テレビなど、あらゆるマス・メディアで、その意義が報じられるでしょう。そして、この選挙で野党が公約を実現させたインパクトは、何ものにも代えがたい訴求力があると著者は考えます。日本維新の会は２０２３年９月、衆議院選挙でお膝元の大阪府内全19小選挙区では比例区との重複立候補を禁止する方針を表明しました。さらには、名簿の順位を女男女男と交互に並べて欲しいものです。

有権者に責任を負わせる方法の１つに、極めて単純化した「余命投票制度」を提唱した著者ですが、政治家にも老若男女問わず、責任を負わせてみるのです。

「比例区拘束名簿」には小選挙区との重複立候補を載せず、比例区単独候補に絞って、女男女男、または男女男女（どちらでもない候補も含む）と、順位を交互に載せれば、（結果としての議員の男女比率を規定する）クオーター制より自然に、議員数を男女同数に近づけられるでしょう。

でないと、国政選挙の内実では、これまで女性の当選者が占める割合が、女性の候補者が占める割合の半分にも満たないのが現状なのです。これがどういうことを意味するかと言うと、男女を問わず有権者の多くが、女性の候補者には投票していない結果なのでした。民意に丸投げしていては、多くの女性議員に責任を持ってもらえません。

「比例区拘束名簿」は、名簿の個人に投票していないのに当選すると言う一見、デメリットもありますが、名簿の基準に党のポリシーが伺えるというメリットもあるのです。よって、例えば老若男女を均等に、名簿上位から並べれば、一貫性のある党の考え方が知られるでしょう。

当選数の多さは叶わなくとも、当選者における属性の構成は、絶対に叶うのがこの名簿による成果です。世論に響かないはずがありません。有権者の半数は、女性ですから。よって、この結果を見たら、与党内でも婦人部に当たる勢力が強い連立政党などは、次回から拘束名簿式の衆院比例区では、男女交互の名簿方式に乗って来る可能性があると考えます。結果、自民党だけが、おっさんの党として浮いて来るでしょう。すると、きっと報道の論調も流れも「なぜ、自民党だけ比例区の拘束名簿が、オッサンだらけ!?」などとなり、今度は野党が名簿の年齢配分も加味して、老若男女、均等にすれば政権与党を追い詰められ、野党の存在意義が見えて来ます。

但し、著者が支持する政策のほとんどは、反自民ではありません。あくまで著者が歴史をひっくり返す革命の軍師になったとしたら、このように選挙を戦うという思考実験です。著者が教えているのは、文芸学部の中でも、文化・歴史学科の学生たちですから。

■政治家のありよう（やって欲しいこと）

大臣は、所轄官庁の政策に命を張るべきではないでしょうか。著者が、担当授業のトークライヴに命を張るように。何度も言いますが、2度のがんとアルコール依存症から起死回生の社会復帰を遂げた著者には、ライフワークに命を張るなど当たり前の心構えです。

日本においては、議員の中でも選ばれし存在が、大臣です。不勉強だが人気者が大臣になった場合、せめて行動でリーダーシップを示して欲しいものです。

かつて人気者が環境大臣になったら、日本国内でもCO2を排出する石炭火力発電の行方が注目されました。当人も計算済みとの評価もあり、著者もそれには水を差しません。しかし、さらに福島における原発事故以来の風評被害を抑えるためなどには、大胆に行動して覚悟の証を示して欲しいのです。いわゆる〝not in my backyard〟（例えば、原発は容認するが、自分の裏庭に造られるのは拒否する姿勢）を覆すパフォーマンスが望まれます。

東京電力福島第一原発から出た冷却水は、日本が誇る世界最高水準の多核種除去設備（ALPS）で浄化した処理水にして、さらに何倍にも薄めて海洋に流すことが避けられません。日本にある他の原発でも稼働している限り、必ず冷却水を海洋放出していますし、世界中の原発は、日本よりはるかに低い水準の浄化装置で、福島よりはるかに高いトリチウム濃度の処理水を海洋放出しているのです。

それでも風評被害に晒《さら》される福島の原発に関しては、電力会社の担当者が飲めるとまで言うのなら、最も目立つ立場の環境大臣が毎朝でも大臣室で、海に流せるまでに薄めた問題の水を、一気飲みしてはいかがでしょうか。2011年10月には、早くも内閣府の政務官だった園田康博さんが記者の求めに応じて飲みました。しかし、マイナーなニュース扱いとなり、世界はおろか国内でも世間には共有されなかったのです。やはり、責任ある大臣が覚悟を示すべきでしょう。それから、海洋放出すれば、世論もより多くが納得するはずです。著者が担当大臣ならば、公共広告機構のCMにも出て、毎朝、青汁が如く問題の水を一気飲みしては、安全性をアピールするでしょう。岸田総理が処理水の放出された海で獲れた魚を食べたり、人気者の小泉進次郎議員が処理水の放出された海でサーフィンするより、直接飲むが一番のPRです。例えば、著者が人気者の議員ならサーフィンするだけでなく、わざと転覆しては溺れて処理水が混ざった海水を何度もがぶ飲みし、それでも平気で浮き上がったところまで見せるでしょう。そこまでしてこそ、拡散されるニュースバリューが生まれて風評も吹っ飛びはじめるのです。また、福島の原発に他国の視察団が訪れるというのであれば、大いに受け入れて、目の前で環境大臣が何度でも一気飲みするべきでしょう。一人で足りないのであれば、内閣が全員で問題視される水を一気飲みすれば、全世界にトップニュースとして配信されると思います。結果、日本の有言実行と信頼感が得られるはずです（注：拙著『パンク社会学』2020. pp.31-32.で、担当大臣の一気飲みは提言済み）。

1996年、食中毒の菌O157が拡がり、その出どころだと噂された農園の風評被害を払拭するためには、当時の厚生労働大臣だった猪突猛進の菅直人さんが、その農園で採れたカイワレを一気食いしたものです。新聞やテレビでは、笑いものにする論調もありましたが、一気に風評被害が消えたのも事実で、著者は、その行動力に元野党魂を感じて評価しました。やはり、行動すべきは担当大臣です。

さらにパンクに言えば、かつての桜を見る会など、総理主催の宴でも、海に流せるまでに薄めた問題の水で乾杯したらどうしょうか。そうすれば、税金の無駄遣いと批判されている宴にも、風評被害の払拭という大義が生まれて、批判もかわせます。また、問題の水を飲むのが嫌で、参加希望者も激減すればコストダウンになるでしょう。結果、総理主催の宴は、福島の風評被害を払拭するという覚悟を持った有志による大団円になるのです。

このように、（オピニオン・）リーダーは、罰ゲームに見えても大義のある企画なら、進んで受ける覚悟が欲しいとパンク社会学者の著者は考えるのでした。

さらに風評被害を払拭するために行政がなすべき事は、コロナ禍で疲弊した観光業と飲食業の起死回生を目指したＧｏ Ｔｏ トラベルとＧｏ Ｔｏ Ｅａｔの再現でしょう。著者と同様に、一部の有識者たちからも提案されていました。風評被害の対象をふるさと納税の返礼品にするより、行動を呼ぶセンセーショナルな政策です。つまり、風評被害に苦しむエリアを対象としたＧｏ Ｔｏ トラベルとＧｏ Ｔｏ Ｅａｔを活用したインフルエンサーが、ネットで安心と美味を世界に発信してくれたら、最も効率的な風評被害の解決策ではないでしょうか。風評には風評で！上書きするしか根本的な解決法はありません。一番効果的です。

中国政府が、最後まで処理水の海洋放出に反対して日本産食品の一部禁止していたのも、実は自国の食料自給率を上げるための詭弁だったので、風向きだけなら変えられるはずです。

そして、中国が進める自給自足という食料安全保障からも、日本の原発の後始末を考えました。核廃棄物処分場（高レベル放射性廃棄物の最終処分場）をどこにするかが、大問題です。新たに設けるとしたら、日本中どこの場所でも、住民の総意で受け入れられるところなどありません。ならば少なくとも今後は、原点回帰してはどうでしょうか。つまり、原発から出たものは、その原発のある地下の地層にどんなに深くても隔離するのが〝地産地消〟で、自己完結の理念型になります。フィンランドに建設される核廃棄物の最終処分場で、地下の洞窟を意味する「オンカロ」が原発の立地エリアにできればロールモデルとなるでしょう。もしもそれが可能であるならば、地元選出の国会議員がリーダーシップを発揮して、原発を誘致した時点で！最終処分までの責任をもって引き受ける〝地産地消〟の覚悟を明言するべきでしょう。

今後、公共事業を誘致する場合は、地元が聴いていなかったと不安に陥らないよう、事前に、少なくとも100年後まで（リスクも含めて、）我々で完結させる〝地産地消〟の意義を説いておく必要があると著者は考えています。

さらに大臣たる者には、求める覚悟が続きます。

例えば、法務大臣なら、自ら死刑執行のサインをするだけではなく、自ら刑務官に代わって執行するのです。死刑反対を主張する理由の一つには、執行者に取り返しのつかないトラウマ（心理的な傷痕）やPTSD（心的外傷の後遺症）を負わせるリスクが挙げられています。ならば、担当のトップである大臣が堂々と請け負うべきでしょう。

また文部科学大臣は、毎年共通テストを受験すれば、ご自分の点数がどの大学の合格レベルか判明してしまい、興味本位のニュースとしては最適です。大学の序列にも、異化効果を発揮する（冷や水をぶっかける）でしょう。そして大学人の著者なら、それだけでは終わらせません。文科相の合格レベルがわかった時点で、こんな大げさで画一的な制度に何の意義があるのかを、再確認します。そして、膨大なコストと利権絡みの共通テストなんか廃止して、各大学の校風に合わせた試験制度に戻してもらえたら、日本の各大学も、個性が息を吹き返すのではないでしょうか。受験生は偏差値よりも、自分に合った試験内容を学風と感じて大学を選び、独自の対策を立てて、個性的な学生が集まると著者は期待するのです（注：拙著『2度のがんにも！不死身の人文学』pp.61–65.「（2）学生と病室を結ぶGoogle classroomの課題と解説で、瓢箪から駒」において判明した近大生の志望動機が参考になります）。

著者の希望ばかりが先走ってしまいましたが、あらゆる国民からの陳情にも政治家からは有効な回答を望みます。

例えば、自分が住む地域の土地が、中国人に買い占められているという陳情があったとします。実際に、著者の授業で京都に住む学生からのミニレポートにありました。対して、地元の国会議員は、立法府である国会に、中国人には日本の土地は買えない法案を提出することはできないのでしょうか。

それは一見、中国人差別につながると思われがちですが、考え方は公平極まりない「相互主義」です。安全保障に関する主張ではありません。より万国に共感してもらえる「相互主義」の適用です。

共産党が政治権力を握っている中国では、共産主義の建前から、土地の私有が認められていません。土地は、すべて国家のものです。中国人は国に土地を借りているに過ぎません。よって、日本人が中国で土地を買おうとしても、法律で禁止されているのでした。買えるのは、土地を国家から借りて使用する権利だけです。ならば日本でも、中国人には土地を借りて使用する権利だけは売れるが、土地の所有権は断じて売れない法律を作ることも、国際的な法概念の「相互主義」に則り、何ら矛盾しないでしょう。

しかし、これが叶わないのは、多くの国と犯人引き渡し条約が結べない背景と同様です。日本から犯罪者が中国に逃亡した場合、引き渡してもらう条約を結べば、逆に中国から日本へ逃げて来た中国国内の法律で犯罪者と認定された者は、何人たりとも、引き渡さなければならないのです。たとえ中国共産党を批判して、日本へ逃げて来た中国人も、中国では犯罪者と認定されていたら、引き渡さざるを得ません。それが国際関係における「相互主義」なのです。引き渡したら、重罪を課せられる恐れがある政治犯が日本へ逃げて来た場合、日本政府は引き渡せるでしょうか。人道上できないから、中国との「相互主義」の犯人引き渡し条約が、簡単には結べないのでした。それでも、土地取引に関しては、日本側から「相互主義」に則った提案ができるのではないでしょうか。この案を2021年度の授業で説明した翌年、実際に一部の野党から提言され、学生から「前田先生の言った通りだ。」とメッセージをもらいました。当時の受講学生たちが証人です。

よって立法府にいる国会議員たちには、外国人に関する問題の1つとして、両国が履行できる案件に関しては、「相互主義」に照らした法整備を求めましょう。

但し土地に関しても、犯人引き渡し条約と同様に、相互主義を通す国際関係が難しいのであれば、天邪鬼の著者としては、もっと単純に割り切ります。土地や不動産は外国へ持ち出せないので、国ではなく個人や会社如きに購入されても、有事（購入した外国人の国と関係悪化など）の際は、購入した外国人を国外退去させれば、購入したお金と土地だけが日本に残って、国益に適うとも考えられるのでした。現実に2023年9月のG20（主要20か国と地域による金融・経済サミット）で、イタリアのメローニ首相が、中国の経済圏構想「一帯一路」からの離脱を臭わせたのも、中国が利権を絡め取ったジェノバの港湾などは持って行かれないからでしょう。

さらに、政治家にやって欲しい伸びしろを考えると新領域の推進に思いが馳せられるでしょう。各種の議員連盟、例えばｅスポーツを推進する議員の集まりならば、思いはｅスポーツに止まらず、そのアスリートを建設現場などで不足している機械の遠隔操作に必要な人材として援用、転用するといった大胆な考えを拡げて欲しいのです。

テクノロジーの出だしはショボいのが文明史を振り返っても明らかです。例えば、クルマだって最初の型は、歩いた方が速かったでしょう。それでも諦めずに技術開発を進めた結果、誰もが移動に必要な自動車産業として隆盛を極めたのです。よって、新しい技術とそれに携わる人材の後押しに必要なのが、政治の力なのです。

ソフト面では、これまで的外れだった内閣府のクールジャパン戦略を質《ただ》しましょう。そして例えば、2022年10月8日にロンドンで開幕して大ヒットしている『となりのトトロ』の舞台化（ロイヤル・

シェイクスピア・カンパニー）をヒントに、ジブリの営業戦略としてのディズニー化を官民挙げて図れば、上質なテーマパークやグッズ販売、権利ビジネスが一気に世界へ展開できるでしょう。

テーマパークといえば、コロナ禍直前までオーバーツーリズム（観光客爆発）だった〝京都〟は、当該エリア全体をテーマパークに規定すべきです。生活者や他のビジネス従事者など特例の人間にはパスを発行し、それ以外のエリア外から来た人々には入場料を設定（pricing）して徴収し、滞留者数を調整して、収益は財政難の京都市にも分配してはどうでしょうか。大阪万博と同様に、政治家が旗振り役を担うのです。隣の大津市から著者が見ている限り、〝京都〟は、東京ディズニーランドやユニバーサル・スタジオ・ジャパンと同じ環境でテーマパークです。寺社仏閣は、シンデレラ城やホグワーツ城と同様にしか見えません。成功すれば、そのノウハウで、大きく都道府県は、東京、大阪、京都、北海道、沖縄など、小さく地域は〝箱根〟、〝高野山〟、〝奄美〟など日本各地のオーバーツーリズムに瀕したエリアを大小のテーマパーク化できるでしょう。そして、まだインバウンドが少ない入場無料のエリア、著者の地元、大津などに観光客を分散できれば、先進国の中の観光立国としても、異国情緒と規模からしてフランスなど追い抜けるはずです。

また、震災の多い日本列島では、被災地に野次馬が来るくらいなら、負のテーマパークとして、こちらも立入禁止エリアへの罰金代わりに入場料を取るのです。それを復興費に充てるくらいの強《したた》かな（ビジネス）モデルを作れたら、ダークツーリズムの新たなる展開として、世界中の災害現場を経済的に救える仕掛けにできるかもしれません。それぞれ地元選出の国会議員の挑戦に期待します。そしてこれは、著者が自身のがん治療を授業のテーマにしているように、決して自虐的ではなく、回復への希望に満ちた前向きな試みなのです（拙著『楽天的闘病論』pp.7–16.「病院は、テーマパーク」pp.38–45.「治療は、アトラクション」参照）。

■健全なる政治家像

政治家たる者が、ライバルの陣営にスパイを送り込み、選挙違反の証拠を保存させて、当選後に告発、落選させるのは、国民の為になるのでしょうか。

著者は、選挙の運動員に、法定の額を超えて報酬を払った罪などは、高額の罰金を納めさせれば、それ以上の制裁は必要ないとも考えています。公職選挙法は、細かすぎて全部理解できている候補者などいないと言われて来ました。複雑な法律のため、どうにでも解釈できるとも言われています。その重箱の隅をつついて、揚げ足を取るよりも、優れた政策で、ライバルを負かしてくれた方が、有権者の為になるではないでしょうか。これは、我々研究者にも言えることです。完成度は高いが他の研究者でも代替できる優等生の模範解答より、粗削りだが他の誰も真似のできない斬新な研究こそが、誰も対応できなかった問題を解決して、時代を切り拓くのではないでしょうか。

政治家なら、候補者は足の引っ張り合いより、自分が掲げる政策の方がライバルの政策より圧倒的に素晴らしいし、他の誰も真似のできないオリジナリティだと有権者に示して、当選を目指して欲しいです。その方が、日本国民の為になります。ライバルの比較的軽微な不正を暴いて足を引っ張るだけでは、誰のためにもならないでしょう。

足の引っ張り合いは政治の世界だけではなく、大学や学会、経済界など、あらゆる社会に蔓延しつつある良くない傾向ではないでしょうか。学会でも、発表者の間違いだけを指摘することに喜びを覚えるような質問者は、建設的な存在とは言えません。それより、同じテーマで、発表者がかすむような素晴らしい発表をやり返して、言葉は悪いですが、ライバルの発表者に思い知らせるのが前向きな学究態度ではないでしょうか。

もちろん政財界では、ロッキード事件やリクルート事件、学界では、スタップ細胞の捏造など、日本社会を根底から揺るがすような巨悪の不正は、大いに暴くべきです。しかし、読者も身近な倫理観を手繰って考えてみてください。例えばサラリーマンなら、会社のコピー機を私用に使う程度の不正を暴いて、ライバルを貶《おとし》めるより、自分が世間に誇れる仕事を成して、相対的にライバルを沈めた方が痛快ですし、対外的にも評価されます。まさに『半沢直樹』の筋書きに近いとすれば、万人の共感も得られるでしょう。そして、それが、世の為、人の為になると研究者の著者も考えます。

そこでまずは、日本の行く末を担う国会の与野党論戦で、足の引っ張り合いではなく、より優れた政策を出し合うお手本を示して欲しいのです。２０２０年、アメリカ大統領選挙においても、８月半ば、世論調査の支持率でリードしていたバイデン候補陣営の応援演説が、バイデン氏の政策アピールよりも、敵陣営のトランプ批判に終始した途端、トランプ大統領との差が縮まりました。アメリカの有権者も、批判よりより良い提案を望んでいる証左です。

余談ですが、ナルシシストで学会の口頭発表が大好きな著者は、いざ質問者になった場合、発表者への批判など絶対にしません。むしろ、発表内容の延長線上に期待できる研究の提案をして、更なる活躍を促すのみです。還暦を迎えて、歳を取り過ぎたのかもしれませんが。

政治とカネを正す神の手

贈収賄は、犯罪です。裁かれるべきです。しかし、無くなりません。

そこで著者は、汚職の一つ、贈収賄を無くすためには、たとえ賄賂を貰ったとしても、便宜供与だけは絶対にしないという不義理な不文律を定着させることを提案します。収賄側が利益供与さえしなければ、有権者たる国民に実害は及ばないでしょう。

日本人は律儀なので、もらった以上、必ず見返りを実行する気質が多いように思えます。しかし、贈収賄を無くすという大義のために、これからは絶対に**見返りだけはなし**という風土を日本に醸成しましょう。具体的には、(賄賂を)貰いっ放しで便宜の供与など一切しない政治家こそ、**贈収賄を有名無実化にした**義士だとして、メディアが肯定するキャンペーンを張るのです。そして、それを**律儀より大義**だと銘打ち、政治家自身も世間も納得させましょう。結果、見返りがない賄賂が横行する世の中になれば、贈賄側に贈りがいが無くなるのは必定ではないでしょうか。また、収賄側が利益供与さえ行わなければ、有権者たる国民に実害は殆ど及びません。

国際政治の舞台では、裏金と裏切りにより、裏取引が効かなくなる歴史をいくつも挙げられます。現代史においても、アメリカの政治家で、常に政権に影響力を与え続けて来た元国務長官の長老が、賄賂の見返りをバッサリと切ったという有名な裏話があります。彼は、長年に亘って中国から裏で多額の資金援助を受け、ニクソン政権では中国の国連加盟に便宜を図ったと言われていました。にもかかわらず、対中強硬路線のトランプ政権になるや、裏でどの政権にも隠然たる影響力を与え続けて来た彼は、国益を尊重するとして、それまで受けていた中国からの裏金に対する見返りを反故《ほご》にしたそうです。まさにプラグマティックな哲学者、ジョン・デューイを生んだ国の政治学です。結果、中国では、今やアメリカの政治家には賄賂が効かないとの認識が広がり、米中間に金銭的な裏取引などできなくなったと言われています。

以上のような逸話からもわかるように、著者は、汚職と呼ばれるような裏金、裏取引をなくすためには、**見返りを反故にし続ければ、自然と、悪事は淘汰される環境が醸成される**と考えているのです。繰り返しますが、収賄側が利益供与さえしなければ、有権者たる国民には実害がほぼ及びません。

犯人のやりがいを削ぐ同様の考え方は、こうです。身代金目的の誘拐犯に、金を渡し続けていたら、同様の犯罪はなくなりません。自分も金を取れると考える模倣犯が後を絶たないからです。対して、心を鬼にしてでも、誘拐犯には身代金を払わない策を徹底し続けてはじめて、身代金目的の誘拐犯たちのやりがいを削ぐことができるのでした。欧米の一部では、国民の価値観としても共有されているでしょう。

パンク経済学の第I部に越境しますが、借金を例に考えてみます。シェークスピアが描いた『ヴェニスの商人』の時代から、時代を問わず、また洋の東西を問わず、世の中に闇金はあります。しかしアメリカで、いわゆる闇金ではなく、消費者金融が繁盛しないのは、なぜでしょう。一説には、借りた側が返さない、居直るケースが多すぎるためだと言われています。それで自然淘汰されたのだとアメリカの社会学者（匿名希望）から聴きました。著者は同様の方法論を、日本の政財界にも適用して、政治とカネの問題に浄化を望むのです。日本の律儀な気質が、違法性を温存してしまい、アメリカのいい加減な気質が、違法性をも駆逐してしまうとは、なんともやるせない政治哲学ですが、アメリカのプラグマティズム（現実主義）とは、そういうものなのでしょう。

極論ですが、日本の政財界でも、悪事の自然淘汰を具現化するためには、贈賄側には厳罰を科し、収賄側には便宜供与さえしなければ、いくらもらっても厳罰には処さないという司法取引を慣習法にまで定着させるのです。つまり、〝**贈った者損！**〟さえ確立すれば、自然と誰も贈らなくなるでしょう。こうして、自然と、神の見えざる手で悪事は淘汰されるような環境をつくれるのです。

実際2019年の参議院選挙で、地元議員を買収したとして、2020年6月に逮捕された国会議員夫妻の事件が好例です。**現金を贈った議員は、実刑が確定**したのと同時に、現金を受け取った県議らも、同等の罪であるはずですが、その時点では略式起訴に罰金と追徴金の略式命令で済みました。後に起訴相当とされた受け取った側の県議も出ましたが、不正なお金は渡した者損！のはじまりを予感させる現象でしょう。

以上の考え方は、拙著『マス・コミュニケーション単純化の論理――テレビを視る時は、直観リテラシーで』（pp.79–88.）で、著者が、政治的な主張を暴力で通そうとするテロリストのやりがいを殺ぐ方法論を展開しているのと同様です。

改めて紹介しておきます。著者が考えたテロリストのやりがいを殺ぐ（削ぐ）ための処方箋です。

提案とは、組織テロ対策として、報道封殺をメディアに求めるのです。報道封殺とは、そのテロ事件を一切伝えず、全くニュースや記事にしないというブラックアウトの状態を指します。（中略）表現の自由を多くの国の最高法規（憲法）が保障するなら、その内容は、言論だけではなく、暴力であっても構わないというテロリズムの論理が生まれます。それを封じるために、メディアが講じられる最終手段は、テロに対するブラックアウトです。

例えば２００１年の９・11テロ以前、無名のビンラディンが話す**内容**に対して、世界は聞く耳を持ち合わせていたでしょうか？　９・11テロの首謀者としてのビンラディンが語る**内容**なら、全世界が聞き耳を立てるから、全世界のメディアは報道したのです。そして、そうなるからこそ、彼はテロを行いました。つまり、多くの死者を出して世界に配信されるニュースとなるテロでも起こさない限り、自分の意見を全世界に聞いてもらえないとテロリストたちは考えてしまうのです。

そこで、テロリストの動機づけを消すために、マス・メディアがなし得るテロ防止策とは？そのひとつは、テロ自体のニュースをブラックアウトし、テロリストの主張など全世界が聞く耳を持てなくすることではないでしょうか。それ即ち、**テロは世界に響かない**と、テロリストたちに周知徹底させることです。**内容**ゼロの編集権を発動し、ブラックアウトした効用が、メディアの大義となるでしょう（参考資料：「ブラックアウトと嘲笑―テロ抑止をめざす、臨床メディア論」（２００９年度日本マス・コミュニケーション学会春季研究発表会ワークショップ企画・問題提起者：前田益尚、2009.6.7. 於：立命館大学）。

２００９年当時、テロの報道をやめるという著者の極端な問題提起は、異端中の異端で、それこそ聞く耳を持ってくれたメディア研究者は、国内の学会でもごくわずかでした。しかし、現在「（テロリストのやりがいを殺ぐために、）テロの報道は控える」という考え方は、世界のマス・コミュニケーション研究者の多くが共鳴してくれていて、もはや一般化しています。

例えば著者の学会発表から10年後、２０１９年３月15日、ニュージーランド・クライストチャーチで発生した白人至上主義者を自称する犯人によるモスク（イスラム教礼拝所）銃撃事件では、ジャシンダ・アーダーン首相が「犯人はテロ行為で、悪名を手に入れようとしたのだから、私は一切この犯人の名前を口にしない。」などと力説しました。いつの間にか、テロで叶えようとしたテロリストの主張は、響かないように黙殺するのが、やりがいを殺ぐ危機管理につながるという著者の奇策が、国際的な定説となっているのです。

そして同様の考え方は、賄賂を贈る側のやりがいを殺ぐために、受け取っても利益供与は控える（止める）という方法論に通じるのではないでしょうか。

悪事のやりがいを殺ぐ方法論は、いつの時代にも、また世界中のどこでも、同様に考えられるのです。

読者にも考えられる実例があります。２０２０年2月末から、新型コロナウイルスの危機に付随して現れた巷のトイレットペーパー買い占め現象を解消するため、買い占めのやりがいを殺ぐには、どうすれば良かったのでしょうか。

トイレットペーパーが品薄だと言うデマが流れているというニュースが報道されると、念のためにと買い急ぐ消費者心理を誘発してしまいました。それを軽減させるには、火消しのニュースを流すのでは効果がありません。逆効果でした。デマだというニュースですら不安を煽り、念のためにと買い急ぐ消費者心理を加速させるだけだったからです。ネットのデマは消えませんから、どうあがいても、念のためにと買い急ぐ消費者心理はなくなりません。少しでも軽減させるためには、デマだというニュースはもちろん、大元のトイレットペーパーが買い占められる問題を新聞やテレビが報じない、ブラックアウトするしかなかったのです。止められないネットでは跋扈《ばっこ》するデマも、大きなマス・メディアが一切報じないとなると、マス（大衆）を誤った行動に走らせるのを、少しは食い止められたでしょう（拙著『パンク社会学』pp.23–28.参照）。

政財界を巻き込んだ問題では、公共事業をめぐる企業のトップが、地元の有力者から金品を受領した事件がありました。もちろん贈収賄は、犯罪です。裁かれるべきです。しかし、無くなりません。当の社長は、受け取った金品を使うことはせず、**預かった**だけで、どうしていいのかわからないままだったと言います。

企業のコンプライアンス（法令順守）が厳しく問われる以前の時代なら、**預かった**金品は、裏のルートを介して、贈り主に返していたとベテランのジャーナリストから聴きました。ところが、反社会勢力と接点があっただけで、厳しく裁かれる現在、返してもらうルートがなくなり、返しようがなかったというのがこの事件の顛末です。

ならば受け取らなければいいと考えるのが正論でしょう。しかし、受け取らなければ、地元と公共事業主とは信頼関係が築けずに、いわゆる公共事業も進まない現場もあるのです。

高名なジャーナリストも公言しています。政治部記者と政治家秘書との間にも、同様の問題があったと。そのジャーナリスト曰く、若い駆け出しの頃、ある政治家の担当になった時、秘書から渡されたお歳暮に隠された金品があったそうです。

自分が政治部の記者だった場合、担当議員の秘書からこっそりとでも金品を渡されたら、即座に断れるでしょうか？断ったら、これ以上は取材をさせてくれないと考えたら、無下には断れないでしょう。でも受け取ったら収賄に当たるので、預かるという決断はわからないでもないと著者にも想像できます。

この件について、高名なジャーナリストは続けました。金品を預かったら、裏のルート（反社会勢力など）を使って、失礼のないように返すのが、昔は穏便な決着だったらしいのです。裏のルートは手数料を取り、必要悪として生き残っていたのが、これまでの時代背景だったそうです。余談ですが、この手の裏話は、記録に残らず、マス・メディアでも報じられないという前提で行われるジャーナリストの講演会などで、良く暴露されました。だから、少々高い参加費を払ってでも、メディア関係者の講演会は裏話を聴きに行く価値があったのです。しかし現在は、それもこっそりと録音されて、週刊誌に売られる時代です。ますます、裏話を聴ける機会は、信頼関係のある個人間の付き合いだけになりました。

改めて確認しますが、裏金をもらうと贈収賄が成立する場合もあります。犯罪になるケースもあるのです。裁かれるべきでしょう。しかし、無くなりません。そこで、預かって、裏のルート（反社会勢力など）で返せれば、グレーゾーンというのが、昔のしきたりでした。そして、共犯関係＝信頼関係だけが残るのです。

例に挙げた公共事業の金品受領問題も、公表された第三者委員会の調査報告書では、「金品を受け取らせることで、共犯関係に持ち込むことを意図していたと考えられる。」と結論付けています。昔、一部の企業では、預かった金品を返す裏のルート（反社会勢力など）とのパイプ役＝〇〇部長だったそうです。現在は、許されません。

ただ、経済的な共犯関係が、人間関係を信頼関係に変える方法の一つであることは、カンヌ映画祭パルムドール作品『万引き家族』を引き合いに出すまでもないでしょう。洋の東西を問わず、また時代を問わず描かれて来ました。だから、犯罪で信頼関係を築くことが、許されるわけではありません。

贈収賄は犯罪です。裁かれるべきです。でも無くなりません。どうして、無くならないのでしょうか。著者は、前述の通り、本当に贈収賄がなくなる思考実験を繰り返して、方法論を考えて参りました。条件付きの自然淘汰です。

改めてその条件を押さえておきます。**賄賂は、皆が貰えるだけ貰っても、常に収賄側が何ひとつ便宜供与をしない環境の徹底です。そうなれば、贈賄側も贈るのは無駄で、諦めるしかなくなる**でしょう。

実例として、アメリカで、（闇金ではなく、）消費者金融が流行らない理由は、貸しても返さない居直り債務者が多いからだと、著者はいつも紹介しています。律儀な日本人は、親類縁者が責任を感じて返そうとし、借り手が自殺してまで償おうとするケースもあるのです。その慎み深さは、崇高なもので完全には否定しません。でも、悪事を助長、増長させる要因にもなりかねないのです。少なくとも、贈収賄に関しては、慎みを捨てて裏切りましょう。それが、贈収賄を無くす大義なのです。

学生のミニレポを読むと散見される、（常に政府に対策を求める）ブラック企業や過労死の問題も同様です。著者は、政府にその都度、強権を発動させて取り締まるどこかの共産主義国家よりは、**自然と、悪事が淘汰されるような環境をつくる**方が、自由主義圏におけるサステナブル（永続可能な）な解決策ではないかと考えているのです。

自然と、悪事は淘汰されるような環境をつくることは、荒唐無稽かと言えば、著者は、次世代の学生たちからでも！はじめられると、授業で挑発しています。

学生たちが就職して、ブラック企業だと分かれば、即辞めるのです。親世代からの「続けるのが美徳」というプレッシャーを受けても負けないで欲しい。多くの同世代が生き残るために、自身で運命を切り拓きましょう。欧米に、ブラック企業や過労死に該当する言葉がないのは、誰も過労死するまでブラック企業に残らないからです。即辞めて、欧米のように、自然淘汰させましょう。こればかりは、欧米を見倣うべきです。ブラック企業を辞めるのは、破壊行為ではありません。全員がニートでゆるい会社の様な組織を稼働させた若新雄純さんも示唆しているように、ブラック企業から抜けるのは、硬直した悪しき組織から脱する創造的な行為なのです。

何度も言います。政治家が絡みやすい贈収賄は犯罪です。裁かれるべきです。しかし無くなりません。サステナブルな解決策は、万一賄賂をもらっても、決して利益供与だけはしない事を、せめてもの美徳とするような社会環境を定着させることです。そうなれば日本も、贈り損で、贈りがいのない、贈収賄なき社会に変容していくでしょう（拙著『パンク社会学』pp.32-36.参照）。

この項も、しつこい語り口で、読者も辟易とされたでしょう。

しかし、ここまで念押ししても、優しい日本の若者たち（著者が教える大学生たち）は、なかなかブラック企業を辞めないのです。そして精神を病んで、SNSで連絡して来ます。そこではじめて、日本ではまだまだハードルの高い精神科の受診を促し、ひと息ついてもらうのでした。

■たとえ、パンク過ぎる政治家が現れても！できることなら、使い切れ!!

2022年7月8日、安倍元首相が銃撃された後、容疑者は実母が宗教団体に多額の献金をして家庭を破滅させられた事を恨み、その団体に応援メッセージを送っていた政治家として、安倍さんを狙ったと供述しています。もちろん、人の命を殺《あや》めようとするテロは決して許されません。本書でも、これまで政治的な意思表明としてでも、暴力に訴えるテロリズムは真っ向から否定して、抑止する策を考えて参りました。

そして今回のケースは、容疑者の母親にとって、献金を自動化させた宗教団体が、依存症のメカニズムを利用している病理的な組織だとも考えられます。つまり、過度な献金をする信者にとって、もはや信仰は悩みを解決する「手段」ではなく、いつの間にか信仰を「目的」にさせられているのでした（拙著『パンク社会学』pp.152-163.「10. 手段が目的化（自動化）したら！依存症を疑え!!」参照）。

ところがです。その後の報道を見れば、信者の信仰を依存症にさせるマインドコントロールとは別に、政治家の問題がクローズアップされました。この銃撃事件がなければ、容疑者が恨んだ宗教団体の反社会性と、さらには政治家との繋がりも、糾弾されることがなかったのも事実でしょう。とすれば、殺人テロ以外の方法で、反社会的な宗教団体と政治家の繋がりを暴露して、断罪できる方法はなかったのでしょうか。

この問題、マス・メディアでさえ、報道するのに腰が引けていて、宗教団体の実名がテレビで明らかにされるまで、何日も掛かりました。

著者は、(安倍元首相の)国葬儀直前に大学の授業で、解決策として暴露系ユーチューバーが果たせる役割を提案しました。銃撃された安倍さんが応援演説をしていた参議院選挙では、20万票を軽く超えて当選し、議員になったガーシー(東谷義和)被告(2023年9月現在)が、これまでの経歴から逮捕を恐れて、海外に出たまま、一度も国会に出席せずに除名処分を受けました。さらに常習的脅迫容疑で逮捕されました。よって著者は、これまで暴露系ユーチューバーとしての彼の言動を、まったく支持していません。

但し、彼が最初に取ったポジション、海外からであれば、(テロでも起こさなければ、)明るみに出なかった政治と宗教の闇の関係くらいは大声で糾弾できたでしょう。ガーシー被告の著書のタイトルは『死なばもろとも』で、まさにテロリスト気質を臭わせています。ですから、著者も彼のこれまでの言動には同意しかねます。しかし、実際には誰も殺さず、社会の闇を明るみに出す言動を、もしもガーシー被告が実行して、公益性に適ったケースがあればと、臨床社会学者の著者は考えました。それが例えば、**テロを起こさずとも**(マスメディアが避けていた)反社会的な宗教団体と政治家の関係を暴くことです。それを叶えた暴露系ユーチューバーが現れたならば、著者も国益に適うと志向倫理を認めるかもしれません。国会で寝ている国会議員をいくら暴露しても国益には適いません。

だから、ガーシー元議員には「銃撃なんか安っぽい**暴力**を使わんかて、反社会的な宗教団体と政治家の関係くらい、俺が奴らの手の届かん海外からYouTubeで、**暴露**したるわ！」とでも言って欲しかった。国会議員として社会正義を貫くためなら、暴力より暴露でしょう。でも、ガーシー被告は、何も大義や意義のある成果を残していないので、著者も彼の言動を何ひとつ認めるわけにはいきませんでした。残念です。

3 そして、平和をめざす議会の運営を

――超越法(the Transcend Method)へのプロセス――

模擬裁判や模擬国会は、学校で行われているところがたくさんあるでしょう。しかし、最も思想の自由市場だと著者が考えている大学における前田研究室では、模擬というよりは理想の議論を試みています。その議論には、闘争的な対立でなく、最終的に文明社会がもたらした相互依存のメカニズムが働くのです。そして、ひたすら平和を追究して参りました。以下、具体的に紹介します。

前田ゼミでも、世論を二分するような社会問題を討論する場合、問題提起者は司会（MC）となります。ここからが異端です。司会以外のメンバーは、たまたま座った位置などで、二分された世論、それぞれの主張者とみなされます。

結果、自分の意見とは違っても、立たされたポジション・トークで、反対側の意見と討論しなければなりません。これは、どんなに自分と違う意見でも、一分の理があることをその立場になって認識する、**平和をめざした思考実験**なのです（拙著『サバイバル原論』pp.9–69.「I．どんな意見にも、一理ある」参照）。決して、相手を論破するための戦闘的なディベートではありません。

これを少なくとも一年間、繰り返すことによって、自分とは違う意見に立って主張する回路が、わ

ずかでも脳内に構築できたならば、平和的な解決を図る道への進歩です。そこには、どんな意見にも一分の理があるという価値観も芽生えて来るはずだからです。すると、自分の意見で討論する際にも、相手を全否定することに躊躇《ちゅうちょ》できるでしょう。結果、議論における正面衝突や全面戦争が無くなるはずなのです。陰謀論などに（一方的に）のめり込む危険性も少なくなるはずです。この思考回路は、分断や対立、最悪の戦争を避けるための危機管理にも通じるでしょう。

例えば、国際政治の舞台でも、１９８９年の東西ドイツ統一は、政治経済共に、西側の価値観が勝っているからと、一気に東側が西側に吸収される形でした。結果、旧東ドイツの国民が、西ドイツの国民から差別される事態になったのです。しかし、互いの立場を尊重して、例えば西側から見ても、東側における上意下達だが効率的な情報伝達のシステムには一分の理があることを認識した上で、時間を掛けて、双方向システムと融合して行けば、東西陣営を融和させる象徴としてのドイツにできたかもしれません。そうなっていれば、外に敵を作ったままのＥＵやＮＡＴＯも、内と外お互いの良し悪しや勝ち負けで分断せず、旧ソ連、ロシアも含めた平和なヨーロッパの枠組みに再編できたかもしれないのです。拙速に運んだ東西ドイツの統一は象徴的な歴史イベントであり、政治経済共に、東西の勝敗を決してしまったがために、軋轢や紛争の火種は欧州に残ったままだったという見方もできるでしょう。

より具体的な例を挙げます。暴論や暴言の多いトランプ前大統領ですが、２０１８年9月25日の国連総会では、演説で「ドイツは、エネルギーをロシアに依存し過ぎているのではないか。それで大丈夫か？」と危惧を表明しました。その時、当事国のドイツ代表を含め、メルケル首相までがトランプ発言を嘲笑していたのです。しかしあの時、トランプ大統領の主張にも一分の理があるとドイツ側も考えられていたら、ロシアのウクライナ侵攻までにエネルギー安全保障の平和的な危機管理ができていたのではないでしょうか。少なくとも、あの時の国連演説では、トランプ大統領の方がドイツの置かれたシビアな立場を尊重して発言できています。

以上の国際問題を解説してから、ゼミ討論で良く最初に扱う例題は、今や世界の2大国、中国とアメリカ、それぞれの立場になってみての主張です。

そして、ゼミの例題としてMCを担うのが教授の前田ですが、これまでに記憶に残ったそれぞれの立場でのゼミ生たちの主張から、当該学生に再録の許諾が得られた部分のみ、抜粋してみましょう。

「アメリカの立場」に指定されたゼミ生の主張。

「中国の国内における少数民族への人権弾圧は、許せません。衛星からの映像でも、強制労働や強制収容と思《おぼ》しき少数民族の様子が見られるのですよ。」

「中国の立場」に指定されたゼミ生の主張。

「前田先生の講義（『情報と文化』）で知ったこと（拙著『サバイバル原論』p.30.参照）ですが、アメリカの国内における先住民たちは、どこへ行ったのですか?中南米以南の国々では、市内の映像にも先住民や先住民と入植者の混血と思しき顔が、普通に見られます。ところが北米、アメリカ合衆国の市内映像では、先住民と思しき顔など、滅多に見られません。対して中国国内における少数民族は、衛星からの画像でも確認できるとおっしゃったように、少なくとも絶滅危惧種のような状態には置かれていません。」

アメリカの立場。

「では安全保障の問題です。まず経済安全保障の観点から、中国が画策する人民元の勝手な為替レート設定などは、世界が市場に委ねた変動制の考え方では許されません。さらに、表立った安全保障では、（軍事）力によるインド太平洋地域の現状変更も許されません。超大国であれば、軍縮を牽引すべきではないでしょうか。例えば米ロは、少なくとも核軍縮に向かっています。」（注：ロシアのウクライナ侵攻以前の授業です。）

中国の立場。

「軍事力はアメリカに向けたものではありません。軍事力など持ち出すまでもなく、中国が保有している（最大時、2割近い）アメリカの国債を安値で売りさばいたら、アメリカ合衆国を経済基盤から崩壊させられるでしょう。」

以上は、時間を編集して、端的に活字化しています。教室では、即答できない緊急的な立場に追いやられた学生たちの窮状を考えて、著者が現代人における脳の拡張だと捉えるスマホやタブレットによる検索タイムも含め30分ほど掛けて成立した討論の抜粋です。

まず指導教授から得た知識と知恵を引用してくれているのは、嬉しい限りですが、それだけではありません。そして今どきの学生は、たとえ知識や情報が不足していたとしても、必要に迫ら（課題を出され）れれば、その場で脳の延長線上にあるスマホなどを駆使して検索し（脳を拡張し）、時間さえあれば粗削りであろうが、相応の答えを見つけて来るのです。

結果、日本の同盟国で立場が有利だと思われていたアメリカ側で主張する方が、（最初は正論に見えても、）2、3度のラリー（討論のやり取り）で、毎回苦戦しているのです。そして、中国の立場で主張した学生たちからは、これまで中国よりは、同盟国であるアメリカの方が正しいと思っていた先入観が薄れてゆくケースもあるのでした。国際的な理解と平和へのプロローグが感じられるでしょう。

その地平には、日本が中国とアメリカの仲介役を担えるという発想も浮かぶのかもしれません。安倍元総理が、当時のトランプ大統領と欧州の各国首脳の間に入って、軋轢を鎮めたように。

そこで、国内の国会でも、救いのない論戦を始める前に、これからは少なくとも当選一回の新人議員には、前田研究室で行っている様な、自分の意見とは違う立場に追いやられても、主張してみる思考訓練を研修として勧めて欲しいのです。松下政経塾などでは机上の空論だとして却下されるのかもしれません。しかし、机上の空論こそ、理想論なのです。最高学府の大学ではやるべきでしょう。

そして大学で考えられたことは現実にも適用できます。例えば第Ⅱ部の冒頭を振り返ってみてください。著者は大学院生時代、スタジオ観覧に行った『朝まで生テレビ』でフロアから発言し、与党の自由民主党の政策にも、累進課税や社会保障など、左派の野党が掲げる社会思想を取り込んでいると指摘して、融和を求めているではないですか。大学は、思想の自由市場です。だから唯一、理想の議論を体感できる4年間であって欲しいのでした。

手前味噌になりますが、国内問題で与えられた立場でのゼミ討論から融和が見えた一例です。要点をまとめて、再録します。

テーマは、憲法9条の改正はありか、なしか。

「改正の立場」に指定されたゼミ生の主張。

「国際紛争を見ても、近隣諸国で有事の際、自衛隊という確固たる軍事力を擁する日本が、傍観しているわけにはいきません。日本が軍事力を保有することを憲法に明記しないと、国際的な信用や信頼が失墜します。」

「護憲の立場」に指定されたゼミ生の主張。

「前田先生の本にも良く書かれている考え方（拙著『高齢者介護と福祉のけもの道』巻末「参考サイト」p.7.参照）ですが、今なら憲法が禁じているからと言って、紛争の解決手段としては自衛隊を海外に出せないと言い張れます。そして、海外の実戦に派兵できるよう改正しようにも、簡単にはできない日本国憲法を作って押し付けたのは戦勝国のアメリカだとの言い訳も利きます。」

両者が絶対に意見を変えないイデオロギー対立になりかねない憲法問題でも、自分の意見とは関係なく主張してみると、できる限りローリスクでハイリターンな現状維持、つまり護憲で落ち着く場合もあるのです。もちろん事前に著者が、講義や著書でリードしていた形跡はありました。でも、実際に口に出して主張してみると自分の考えとして補強されます。

マクロからミクロへ、さらに身近な問題もありました。要点を抜粋します。

テーマ：町内の自治会で、回覧板のSNS化はありか、なしか。

「回覧板のまま派」に指定されたゼミ生。
「SNS化は、機器が扱えない高齢者を見捨てることになる。」

「回覧板のSNS移行派」に指定されたゼミ生。
「機器を扱える高齢者が、扱えない高齢者に教えれば、お互い認知症予防にもなる。」

この件は、町内の自治会で順送りの役員を何度もやらされて、過重業務に辟易としている臨床社会学者でメディア研究者の著者がひと言、解説しました。

「新しいメディアの使用を、扱えない（リテラシーがない）人がいるからと敬遠していては、文明はその時点で停滞します。例えば、文字を読み書きできない（リテラシーがない）人がいるから、口頭のみで情報伝達を続けていたら、今の文明は築けていなかったでしょう。新しいメディアによる情報伝達の効率化は、人類の進歩には避けられない道筋です。但し、何人も見捨てず、（リテラシーの）教育は欠かせません。」

結果、「回覧板のSNS移行派」からの主張「機器を扱える高齢者が、扱えない高齢者に教えれば、お互い認知症予防にもなる。」で、異論なしの決着を見ました。

この様に、自分の意見とは関係なく指定された立場で主張してみると、過剰にヒートアップすることがなくなります。そして、どんな相手の意見にも寛容になれ、落としどころと思しき意見が出たところで、自然と収斂されて行くのでした。

常にお互いの立場にもなれれば、研究室における「心理的安全性」（Psychological Safety）が担保される授業の運営法です。そしてその地平には、ノルウェーの哲学者、ガルトゥングが提案する対立した両者の言い分を超えた平和的な解決策、例えば領土問題があるエリアを両国で共有できる公園にするなどの「超越法」（the Transcend Method）にたどり着けるプロセスとなるのではないでしょうか。実際にエクアドルとペルーでは、紛争（conflict）が絶えなかった国境を、1998年に二国間の自然公園にしています。また極論ですが、著者に言わせれば日韓国交正常化の直前、当時の朴正熙大統領が日韓両国で領有権を主張する竹島を爆破して無くせば良いと発言した解決策も、両国の主張を超越した落としどころだったと考えられるのでした。要は平和のためには、衝突する前に、両者の胸中に燻る火種（conflict）を鎮める作法、自分とは違う意見にも立ってみる姿勢を身に着けることが求められているのです。

そして、たとえ粗削りな主張になっても、多様な相手の立場に立った思考回路を脳内に構築させるコツは、ひたすら場数です。

学生が嫌々ながらでも、前田ゼミの時間は、必ず自分の意見とは関係ない立場で主張させられるという経験値の積み重ねは、依存症になる過程に近いのでした。お酒があまり飲めない著者が、少量ずつでも連続飲酒しているうち、脳内にアルコール最優先の回路が出来上がり、依存症になってしまった経験値を、健全な思考回路に応用した教育法です。場数の積み重ねとは、アルコホリック（アルコール依存症）ではなく、ワーカホリック（仕事依存症）に近いイメージを持ってください（拙著『パンク社会学』p.174.参照）。

そして、もちろんゼミ生全員が政治の議会を念頭に置いて、討論しているわけではありません。しかし！

①一般企業に就職しても、必ずしも自分が気に入った商品やサービスを担当できるとは限らないでしょう。不本意な商品を売れと命じられたら、会社を辞めますか。しかし自分がダメだと思う商品でも、どこが一箇所でも良い点を見出すことができたならば、売り込むべき相手に前向きに説明できるのではないでしょうか。

②公務員然りです。個性的な市長が当選して、自分が納得できない急進的な市民サービスを担当させられたとしても、どこか市民の役に立つサービスの使い道を一つでも見出すことができたならば、市民に向けてそこだけでも強調して説明することができるのではないでしょうか。

③教員になっても指導要領のすべてに共感している現場なんてありません。それでも、この要領だけは生徒の為になるという指導法を見出すことができたならば、そこだけでも積極的に活用して生徒の指導ができるのではないでしょうか。

前田ゼミの卒業生は、一般企業に行こうが、公務員になろうが、教員になろうが、少なくとも会議という場では、必ず相手の意見にも一分の理があると考えて、議論の口火を切ってくれると信じています。中には、本当に市会議員を目指している卒業生もいるので、地方の政界からでも、平和な議会運営が実現することは期待できるでしょう。

教育とは、地道な革命です。

さらに余談ですが、近年ゼミで証明された平和な議会運営の中から、刺激的な展開の事例を挙げておきます。就職活動でも披露すれば、採用側によっては喜ばれそうな逸話になりました。

問題提起者の学生が出したお題は、「子どもにギャンブルの体験をさせるのは、ありか、なしか」

で討論。パンクな問題提起です。

そして今回も、自分の意見とは関係なく！じゃんけんで、あり派となし派に分かれます。


このテーマでは現状を顧みれば、〝なし派〟が圧倒的に有利だと思われがちでしょう。但し現在、子どもに賭け事を許している現場などないという事実は、〝なし派〟の主張すべて、みんなが現状を追認するだけで同じ意見になります。発言するのは楽ですが、差がつきません。つまり、就活なら唯一無二の人材としては誰も評価されず、採用にも結び付かないでしょう。

ところが、不利と思われた！（子どもにギャンブル体験をさせるのは）〝あり派〟で唯一、「賭け事は胴元が必ず儲かると言われているので、子どものうちに賭けさせてみて、結局は負けるという失敗体験を記憶させておけば、合法的にギャンブルができる年齢となった暁には、慎重になるはず。」、「刃物を子どものうちに扱わせてみて、指を切っても痛い目に遭う事で危険を知っておくの（経験値）と同様でしょう。」という主張が教室内の空気を納得させたのです。そして一理あり！と総合司会の著者に判定され、この場では高評価を与えられました。就活におけるインターンシップのグループ討論でも、採用に結びつきそうな発言です。

つまり、どんなに不利な立場に置かれても、一分の理だけでも主張できる人材こそが、社会では唯一無比なポテンシャル（潜在能力）を高く評価されるのではないでしょうか。その経験値を積んで、思考回路を構築するのが、前田研究室におけるゼミ生たちに課せられた使命なのでした。

ところが、この討論では、（子どもにギャンブル体験をさせるのは）〝なし派〟からの思わぬ巻き返しもありました。「負けたらいいけれど、一回目に偶然にも大勝ちして、成功体験になってしまった場合、取り返しがつかない。」という反論が出て来たのです。断酒10年を超えて回復しているとはいえ、アルコール依存症の当事者である著者には、依存症の怖さを思い出させてくれました。ギャンブル依存症者の多くが、一回目に大勝ちしたビギナーズラックを脳が忘れられずに、その後は負け続けていても、もう一度大勝ちすれば取り返せると脳が誤作動を繰り返し続けて、重度の依存症に陥ってしまうのです。

前田研究室においては、子どもにギャンブル体験をさせるのは〝あり派〟と〝なし派〟両方から説得力のある主張が展開されました。そして、それぞれが元々自分の意見ではなかったことから、強硬に主張し合うバトルにはならず、参加者皆がギャンブル問題全体を俯瞰して、全員で対応策を考えられる議会の空気を醸成できたのです。この大局観こそが、平和を担保してくれるでしょう。

政治とは関係のないテーマも、前田ゼミは大歓迎です。要は、違う意見を排除しない思考回路を脳内に構築できれば、どの様な場面においても、衝突回避の平和な言動が身に着くのです。

自分の意見をぶつけ合う議論は、どれだけ時間をかけて熟議したところで、途中で意見を変えた人間など、殆ど見た事がありません。国会でも、学会でも、『朝まで生テレビ』でもです。議論の過程で少しでも意見を変え修正する人が出て来て、少しでも流れが変わり、少しでも結論が変わるなら、時間を掛ける意義があるでしょう。しかし、そんな議論は、国際会議でも、テレビでも、ネットでもほとんど見た事がありません。ならば多くの場合、問題提起して即採決を繰り返し、一つでも多くの議題を決着させた方が、必要な政策を進めるには効率的なのではないでしょうか。

議論に時間をかける意義があるとしたら、何度か自分とは違う意見で主張させてみる事です。それが唯一、反対意見にも一分の理を認める思考回路が実感できるチャンスとなるでしょう。それを経れば、その後はたとえ意見を変えなくても、少なくとも反対意見にも寛容になれるはずです。そんな経験値を積んだ人たちで、時間をかけ議論すれば、両論を擦り合わせてより良い結論に導かれる展望も見えて来るのではないでしょうか。

おわりに――テレビは出るより見るもの、本は読むより書くもの――

本書の第一稿を書き上げた頃、鬼才上岡龍太郎さんが亡くなっていたというニュースに触れました。「テレビに学び、映画のように生きる。」を標榜している著者にとって、上岡さんから学んだ番組で最も印象に残っているのは、読売テレビ制作の型破りな『ＥＸテレビ』（1990.4.～1994.4. 火木23:55～0:55.）です。

特に火曜日は、同じく鬼才の島田紳助さんと2人で、ひたすら実験的で奇抜な番組内容を提案しては、自由奔放に実践されていました。しかも、それらの奇策はいくつかが後にレギュラー番組として結実しています。例えば、１９９４年からテレビ東京で始まった『開運！なんでも鑑定団』や２００２年から日本テレビで始まった『行列のできる法律相談所』は、上岡さんと同じく最盛期に引退された島田紳助さんが司会から外れた後も、形を変えながらも２０２３年現在続いています。

本書で提案して来た奇策の数々も、一つでも二つでも映画のように結実する筋書きを見たいと願っています。

しかし、著者の提言して来た異次元の政策が、現世で叶わないのであれば、それらが実現している世界観を、文学で描き遺すしかないかなとも考えていました。よって冒頭にもチラつかせたように、構想した小説『AF／アカデミック・フィクション』を5年前から書き始めましたが、2万字で止まったままです（拙著『2度のがんにも！不死身の人文学』pp.171-183.「Ⅲ．果ては、不死身になれる文学へ――少なくとも、書物の中で、著者は消えません――」参照）。どうも著者は、架空の人物描写などに筆が乗らず、フィクションの世界にも没頭できる「作家脳」にはなりきれません。どうしても目の前の問題に対して、正解でなくとも妙案を出そうとする「学者脳」が起動してしまうのです。

よって様々な奇策は、やはり現世で実現させるために、今後内容を限定してでも、国よりは独断専行ができる首長制の地方から試行できないかを問いたいです。但し、リーダーシップも人望もない著者は、決して政治家にはなりません。提案するだけです。そしてパンクな提案も、時限立法や特区などで工夫できれば、一部でも可能になるかもしれません。

著者以外にも具体例として、出生率の改善に成功した明石市の泉房穂市長が、年間34億円の予算で進めた5つの無料化（「18歳まで所得制限なしで医療の無料化」、「中学校の給食無料化」、「第2子以降の保育料完全無料」、「公共施設の入場無料」、「0歳児の見守り訪問・おむつ定期便」）などは、全国にも波及できるでしょう。

さらに、本にも書けない超次元の提言については、授業で聴いた学生たちから、「他で聴いたことのない度肝を抜く！極論の数々を、なぜテレビに出て提言してくれないのですか？」と問われます。著者は、「波紋を呼ぶ極論を、不特定多数が見るテレビ番組でぶち上げた場合、反感を買う勢力から、スタジオ帰りにひき逃げされても、場末の一教授の場合、ただの交通事故で処理されるでしょう。無駄死するリスクを冒してまで、自説を敷衍《ふえん》させ（広め）たくはないのです。」と半ばブラックジョークで答えています。

例えば、キレッキレの極論をテレビで惜しみなく連発されている橋下徹さんですが、彼はかつて大阪府知事としてSPが付いていたほどのステータスを得てから、言いたい放題になりました。よって、もし現在の橋下徹さんが、生放送で爆弾発言をした帰り、ひき逃げに遭ったなら、警察もメディアも、ただの交通事故とは処理せず、背後関係まで探ってくれるでしょう。決して、無駄死になりません。

反対に、大阪府知事というステータスを得る前、テレビにレギュラー出演されていた『たかじんのそこまで言って委員会』（読売テレビ，2003～2008.）では、キレッキレの極論とは程遠い、乱雑な暴論を時折放っては、共演者の宮崎哲弥さんに窘《たしな》められていた橋下徹さんだったのです。ネットに映像が残っていたら確認してみてください。今の橋下徹さんとは比べ物にならないほど、恨みを買うどころではない、小物発言の数々でした。しかし、その違いが弁護士ならでは、彼のリスクマネジメントであったとすれば天晴《あっぱれ》で、敬服に値します。

つまり、橋下徹さんは、何を発言しても、最後まで周囲が見届けてくれる立場を得るまで、本音は封印していたのでした。敏腕弁護士ならではの戦術でしょうか。さすがです。

そうかと言って著者は、簡単には謀殺されないほどのステータスを得るほど苦労してまで、大好きなテレビで、言いたい極論を披露しようとは思いません。大好きなテレビは、見る（愛でる）ものです。包み隠さぬ直接の発信は、信頼できる近畿大学文芸学部の学生たちに向けてだけ、授業で行います。

その劇薬（内容）を少しレトリック（筆致）で薄めて（一般化して）、いい意味で変わり者しか読まない学術書で行っているのが、本書の本論でした。こうして自己実現の欲求（Self-actualization）を自覚して、体現できている大学人の著者は満足です。

■附記

本書の本論は、著者が口頭発表した自由報告「国内政治と経済の停滞を打破する異次元の奇策集―現在の日本を劇変させる多様な思考実験から」および質疑応答（第71回 関東社会学会大会、2023.6.4. 於：成蹊大学）をベースにして、大幅に加筆・修正した内容です。

附論

あらゆる「環境」問題とは、人間だけの空想ではないのだろうか
――生物と自然（都市）に関する社会哲学序説――

本論では、政治と経済の課題に対して解決策を探って参りました。しかし、本論でも言及した東京電力福島第一原発における浄化した処理水をめぐる問題然り、政治と経済を動かす大義は現在、「環境」にあるのが、世界の思潮でしょう。よって、「環境」を考えておかなければ、本書は完結しません。

■がんとの決戦報告

２０２２年末、著者は2度目のがんも重篤で、口腔に端を発して顔の下半分から喉頭近くまで浸潤したため、改めて死を覚悟しました。手術して生き残れたとしても、顔の下半分から喉頭まで切除され、３度目の施術ともなれば術部は荒れ果てており、再建も叶いません。顔の下半分から喉頭まで切り取られたままの姿で、死ぬまで過ごすことになるのです。発声と飲食と口呼吸の機能を失い、著者の価値観に照らせば、廃人も同様です。そこで、手術は回避して、化学療法と免疫療法を選択したのですが、完治は難しくなりました。

但し、いつ死んでも構わないとの心境に至る者は、もはや何を恐れる事もなく、何でもできますし、誰に気兼ねする事もなく、何でも言えます。アルコール依存症から回復して、断酒10年を超えた著者は、メンタルが弱いのにナルシシストでしたが、もはやアルコールなど必要ありません。必要なのは、生きた証を遺す「環境」(機会)だけです。大学教授の著者が、自力で爪痕を遺せる「環境」(チャンネル)は、3点に絞りました。①次世代を相手にした大学の授業、②同じ学者たちと意見交換できる学会発表、③万人を相手にした単著の出版。

結果、特に時間帯が被る「授業」と「治療」の二刀流は、近畿大学の教職員による配慮あるサポートと京大病院の医療チームによる高度な支援という条件が揃った著者の場合しかできなかったのかもしれません。近畿大学文芸学部と京都大学医学部のスタッフの皆様には、心より感謝申し上げます。

そして著者は、できるところまで、フルスロットルで、アウトプットを続けています。もちろん発表する内容は、人類とその文明の繁栄のため、勝手に少しでも有意義だと考える自説だけです。しかし、もはや、お座なりのルールやマナーなどは気にしていられません。アウトロー(無法者)にはなりませんが、終始アウトサイダー(異端者)としてエッジを効かせまくっています。本当にパンク(型破り)な提言や提案は、死をも恐れぬキャンサーパンクの強者にしかできないでしょう。ですから、かつては依存症の当事者として、事あるごとに頼っていたアルコールなど一切、必要ないのです。

そんな環境において、著者は無敵で不死身のはずでした。

■自然界において、環境を考える必要はあるのか

関西人としては、話術のお茶を濁す繊細なテクニックとして、一拍置いて文末に使用して来た「知らんけど」が、全国で文脈に関係なく乱用されはじめた時、まさに時すでに遅しと感じた関西人も多いでしょう。今後は、何にでも「知らんけど」は冷や水をぶっかけるような異化効果に使うしかありません。

学問のテーマとして扱って来られた「環境」という概念が、メディアで定義も疎《おろそ》かに使用されている現状にも、違和感と共に同様の諦観を覚えている研究者も少なからずいらっしゃるのではないでしょうか。時すでに遅しです。巷《ちまた》では、環境に適応して語るしかありません。

例えば、少年少女の刑事事件を振り返る時、環境のせいにするな！は必ず正論としてメディアでも常套句に使われます。しかし、そもそも「環境」なんて人間の後付けに過ぎないと著者は考えてしまうので、環境なんて考えるな！と言いたいです。生き残るために。環境を考えなければ、残されたのは自分だけですから、誰もが自律せざるを得ません。

何度も重篤ながんを患い、その度に自分の命より美学や価値観を優先して、標準治療内ではありますが、極端な治療法を選択しては、幸運にも生き残って来られた自称：臨床社会学者です（拙著『楽

天的闘病論』および『2度のがんにも！不死身の人文学』参照）。そして標準治療内でというところがミソで、保険が利く標準治療とは、人為的な環境に適応している証左であり、アウトサイダー（異端者）にはなってもアウトロー（無法者）にはならない著者の研究者魂の現れなのでしょう。そんな著者が、相変わらずいつ死んでも構わない様に、異次元の自説を遺します。

すべての生物、個体が利己的に振る舞った結果、偶然にも環境に適応した生物の個体種だけが生き残り、それを進化とラベリングできるのだと著者も考えます。環境に応じて進化したのが、自分たちだという考え方は、ダーウィニズムの傲慢な解釈で自然に反し、自然をコントロールできると錯覚しているのではないでしょうか。著者の拠り所は、社会進化論の適者生存ではなく、運に導かれた適者生存であり、結果すべての生き物は偶然の産物だと考えるのです。すると、様々な生物に見受けられる利他的な行動も、〝情けは人の為ならず〟で結局は自身に跳ね返って生き残っているため、最終的には利己的で勝手気ままな行為の結果論だと断じるナルシシストの著者でした。

しかしウイルスは、非生物であるならば、利己的な意思などもなく、最も良く感染する種が広く蔓延するだけなのです。それこそが運に導かれた適者生存の極みであり、意思に左右される我々は敵いません。新型コロナウイルスが、人為的に作られた兵器ではないかとの疑いも一部で報じられましたが、あり得ないはずです。変異株くらいなら人為的にも操作が可能でしょう。しかし、実験室で端《はな》から作られたウイルスの場合、一時的には殺傷能力を高められるかもしれませんが、環境に適応する能力などは神でもない人の手によって生み出せないため、広義の自然界では直ぐに淘汰されるはずです。長期に亘り、広範に蔓延したウイルスは天然で、偶発的な存在に他なりません。ならば著者も自身が持つ先天的な能力を信じて、ウイルスほどの境地に近づかなければ、度重なるがんなどの強力なライバルたちには対応し続けられないのでしょうか。

附論の考察は、何事も環境に規定される決定論はなく、逆に環境はコントロールできる改変論でもありません。また、環境を認知すれば選択可能とする論考でもありません。著者の考え方は、自らの生き様に照らして、すべて最終的には運命に委ねるしかないという自然の流れに任せる主義なのです。誤解を恐れずに言い切るならば、偶発の科学とでもラベリングできるでしょうか。馴染むまで、できるだけ文中（　）内に説明を加えて、少しでも意味の共有を図って参ります。

例えば、キリンは高い木に成る実を食べやすくするために、長い首に進化したと想像されがちです。しかし、首の長さが違うキリンの中で、首の長いキリンだけが環境に適応して生き残っているとは考えられないでしょうか。

そのロジック（論理）は、こうです。首の短いキリンが食べる低い木の実には、食べられる（届く）ライバルが多くて食べ負けが続くと、自然に背に低いキリンは減って行ったとします。逆に首の長いキリンが食べる高い木の実には、食べられる（届く）ライバルがほとんどいなくてキリンの一人勝ちが続くと、自然に首に長いキリンだけが残って行ったとも考えられるでしょう。

首の長いキリンが多く残って交尾した結果は、首の長い子が多く産まれ続ける可能性が高いのです。どっちにしても、キリンの立場からすると、（どう進化しようなどと）考えても無駄でした。しかし、環境が首の長いキリンを選定したわけでもありません。実が成る木は、低い木から高い木まで満遍なくあり、たまたま（偶然にも）捕食者間のライバル関係に恵まれた首の長いキリンが生き残れたのです。それが環境に適応した者だけが生き残れるというエピソードのひとつで、著者から言わせると運命に委ねるしかなかったでしょう。

人間で言えば、タバコが興味深いです。あんな毒物を、なぜ人類の多くが禁止薬物にも指定せずに、現在は限定的にはなりましたが、先進国の多くが後生大事に合法だと残しているのでしょうか。

著者も、スモーカーだったガールフレンドに絆《ほだ》されて吸っていた時期もありましたが、下咽頭がんを患って以来、一本も吸っていません。但し、吸っていた頃のそこはかとない優越感は覚えています。ちゃんと吸っていた時期が20代後半からなので、不良のイキがりでもない優越感でした。それは火種を操れる人類だけが覚えられる、火を怖がるしかない他の生物への優越感だった様にも回顧できます。同様に、潜在意識の中で優越感を覚えているスモーカーが多かったとしたら、常に火種を操って、他の生物に長じて生き残って来た結果、タバコはシンボルとして社会から抹殺はされないのだと考えられないでしょうか。税金がいくら上げられても、喫煙ルームが設けられても、ゼロコロナの様にゼロタバコを正義とされない毒、ニコチンやタールに市民権が残され続けているのは、どう考えてもおかしいでしょう。きっと、火種を操るスモーカーが環境に適応して（他の生物に長じて）生き残って来た象徴なのです。

著者が生涯、一切の受験勉強をしなくても合格できた高校、大学、大学院に進んで、今があるのも同様で、環境に適応できた結果です。よって、学校の先生や親から指示された勉強はしませんでしたが、自主的な探究はしました。探究をするのは、人類がより良く生き残るための宿命（他の生物には少ない特権）であり、生き残っている証だと考えたからです。勉強（生き残るためだけなら環境に必要のない学習）ではなく、探究（生き抜くため、環境に働きかける考えを深める工程）とは何か、この【附論】も勉強をしてない（スキだらけだが、わかりやすい）学者の探究、その成果の一例です。

それに少しでも共感者が現れるならば、（環境にも厳密で、正確な論文を書くＡＩみたいな優等生ばかりではなく、）環境にも大局観があって、魔法のような解法を語れる〝昭和の社会学者像〟も復活させましょう。著者は孤高であっても、大きな組織で役職に就くより、私塾の塾頭で終わりたいのです。

では、「環境」がどれだけ汎用できるのか、１人の人間でもある著者が偶発的に考えた類型に沿って探究して参りましょう。

キーワードは、「**満足**」と「**切れ味**」です。

人間は言語で思考する生き物ですから、指標を幸福感というよりも満足度と考えた方が、切れ味良く脳に刺さり、納得できるのではないでしょうか。

■汎生活環境論

我慢は、限界を超えれば自然の摂理に逆行するのではないでしょうか。今では、浪費を我慢することが、環境に優しいとセンチメンタルに訴えて来た人々も、我慢では欲深い人間たちの間に共感の輪が広がらない現実に気づきはじめた様子です。有識者の中には、認知行動療法の様にリフレーミング（前向きに捉え直すこと）して、無駄を出さないことの**満足感**を前面にアピールする人々が現れはじめました。それなら、著者も振り向くでしょう。「**満足**」は、高度消費社会を構築して文明人になれた証で、キーワードとなり得ます。

人間は、すべてを超越できる神ではありません。ですから、人間が空想した神などサンタクロース同様に本当はいないと考える著者ですが、人間の大多数が神を信じるなら、否定はしませんし、できません。大人たちが、サンタクロースを信じる子供たちを温存するのと同様です。それが、自然な生活環境でしょう。

最初に述べたように、生物は環境に適応できるように進化したのではないと著者も考えています。進化とは傲慢な考え方です。恐らく環境に適応した者だけが偶然にも生き残れたと考える方が、自然でしょう。

そこで、世界中の大多数が、ゴミのリサイクルに**満足感を覚え**、原発反対で再生可能エネルギーで**ないと満足できない**環境保護の原理主義者であれば、それも自然の流れだと著者は諦観します。原材料から国産で軽いフィルム状のペロブスカイト太陽電池などは普及できれば、万人の**満足**に足るのでしょう。現代の問題に、唯一無二の正解などありません。正解は、歴史が決めることです。現時点では、できるだけ多く提出された選択肢の中から、多数派に支持された政策におもねるのが、民主主義社会の王道ではないでしょうか。ですから適応して、著者も従います。但し、ゴミの分別が面倒で**不**

満でしかない人々、電気料金が上がらないのであればどの様な発電所でも不満を言わない人々が、多数を占めたら、ゴミの一括焼却と廃棄物を出す原発やCO2を出す火力発電所も許容するのが、自然の成り行きではないでしょうか。

多数派の人間たちが醸す〝空気〟に馴染む（適応する）のが、最もストレスフリーな生き方です。確認しますが、著者は環境保護運動を全面的に批判したり、原子力発電を極力推進にする立場でもありません。あくまで世論の最大多数におもねるのが最大幸福につながると信じる風変わりな功利主義者であるだけです。ですから、例えば沖縄の基地問題でも移設反対の意見が国民の大半を占めたら、論拠の是非より素直に従います。要は、どちらが日本社会に広く満足感を与えて、より（比較的）ストレスを溜めないかという基準だけで、著者は最終的な判断を下すのです。科学的な根拠や長期的な展望より、多数に蔓延する満足感というマインドを重視します。この様に、目の前に広がる環境に適応する姿勢は、すぐに心が折れない事だけを考えて、生き残れたアルコール依存症の当事者で断酒10年を超えた著者の経験則からたどり着いた境地でもありました。

もちろん、我慢が快楽に転じる性質もあります。ランナーズハイなど、わかりやすいですが、ほとんどの人間はそうなれるまで、我慢して走りません。ダイエットや受験勉強なら、多くの人間が挑んだでしょうが、結果達成して勝者の快楽を味わえたのはごく一部の人間だけでしょう。多くの敗者には、ストレスを生むだけの劣悪な環境が、スポーツの練習にもダイエットにも受験勉強にも用意されているのでした。

ですから、著者は体に良いと言われる運動やスポーツも全くしませんし、受験勉強も一切しないで合格できた高校と大学、大学院に進みました。研究でも、形式に則った調査や先行研究は無理に踏襲せず、自らの生得的な思考回路から自然発生が如く湧き出た自説を並べて、学会発表や大学の授業、単著の出版で世に信を問うているだけです。決して、図書館に籠って調べものに徹する経験などもありません。著者の考えでは、図書館にある本に書かれている事は、既に人類の共有財産です。もう、それでいいのです。新たなる研究者に存在意義があるとしたら、図書館には決して蓄積されていない発想を研き、未知なる自説を世に問うべきではないでしょうか。

教科書通り、先行研究重視だけに囚われていては、万能細胞も（著者を救ってくれた）免疫療法も思いつかないでしょう。人文学や社会科学でも、これまで心身ともに救えなかったヒトを救える異次元の発想を求めます。それができる環境は、枯れた図書館ではなく、人類だけの活きた脳内ではないでしょうか。そして、それこそが生き抜くための生活科学です。

■汎意識環境論

完全菜食主義者としてのヴィーガンには、違和感を持っていた著者です。苦痛を表明する動物を殺すのは忍びないから、植物を食べるという菜食主義者のロジックは勝手ではないかと著者は考えていたのです。植物の悲鳴は、人間に聴こえないだけで、虫に食べられる時、仲間に断末魔のサインを送っている事実が科学調査で明らかになって来ました。その結果、虫に食べられた植物の悲鳴を察知した仲間は、虫除けの化学物質を分泌して難を逃れるケースもあるのです。

ところが、ヴィーガンの一部から、自分たちの行為は生物へのセンチメンタルな配慮ではないという主張を聴きました。食べる肉を調達するための牧畜や畜産には飼料と飼育で、農耕とは比べ物にならないほど資源を消費してしまうから、環境に配慮して菜食に徹しているのだと満足げに語るのです。**ヴィーガンが謳う、完全菜食主義は食物連鎖を早めに終わらせるから、殺生が少なくて済むというロジックにも一分の理があると考えられなくもありません。**ワーストの肉食ではない、セカンドワーストとしての菜食だという意識には、焼肉ではハラミ好きの著者も一考に値すると思ってしまいました。もしも、資源を浪費しないための菜食に満足している人々が多数派となれば、著者も適応するかもしれません。但し、ほとんどのヴィーガンは、そこまで厳格に意識していないでしょう。だから違和感は拭えず、菜食も植物の悲鳴を知らないエセ環境主義者だとしか捉えられません。

結果、文系のフィールドにおける意識調査も、著者は一切しません。無自覚であっても、いわゆるフェイクニュースの温床になる危険性を考えるからです。生物は嘘つきです。擬態などが典型で、どんな生物も捕食者を騙してでも、難を逃れて生き残ろうとするでしょう。そういう意味で、遺伝子レベルで利己的だというラベリングは、不朽です。理系の調査では、その辺りのウソつき問題も意識して行われている調査もあるので、有意義かもしれません。但し、自分でも本音がわからず、擬態などの様に無自覚で虚言に至っているケースも考えたら、人間の、いや生物の意識調査など本音は不明の概《おおむ》ねフェイクの可能性が拭えないでしょう。延いては文系寄りの世論調査など、多くの対象者が本性を晒《さら》しているとは思えないのです。

出口調査と選挙結果が違うと言っているのではありません。投票行動だって、本心では理想が野党の公約に近いのだが、万が一でも大きく環境が変革されて、対応し切れずに巻き込まれるのは面倒だからと与党に投票するという、自分でも複雑な心境を理解していない有権者も多いでしょう。だから有識者がいくら正論で批評しても、長期政権は変わらないのです。有識者と有権者では、文字通りものの見方、そもそも対応する角度も欲望も思考回路もまったく違うのでしょう。そして、ほとんどの有権者は、有識者になりませんし、なりたいとも思っていません。どちらか正しいとか、善悪の問題でもありません。自然の成り行きで、環境の棲み分けでしょう。

これを確信したのが、大学院で中国の留学生たちと意見交換して来たライフヒストリーです。1999年、近畿大学に奉職した頃に交流のあった中国からの留学生は、飲み会の席などで、ほとんどが共産党一党独裁の専制政治に批判的でした。だから自国の外に出たくて、自由な日本に留学したのだと力説していました。できれば体制の変革を望むとも主張していました。それが10年くらい前からか、体制批判がほとんど聞かれなくなって、いつの間にか裏も表もなく、今の中国で何が悪いの？変革に巻き込まれるのは嫌！という直情的な反応（本音）ばかりが聴かれるため、それらは中国の世論としても信用できる考え方だと思ったのです。レット・イット・ビーの姿勢は、自然観そのもので環境に適応する能力ですから、著者も部分的には共感できます。

だから、習近平は権力の座にのうのうとしていられる環境なのかもしれません。それがロシアにも当てはまるのだとしたら、ウクライナの戦争がよほどロシア国内をひっくり返すほどの悪影響を与えない限り、大きな改革は望めないでしょう。そして大学院に戻りますが、現在日本に留学した目的は、裏も表も異文化交流という優等生ばかりで、意見交換しても、その内容は信念（政治）より嗜好（趣味）に近い感触です。もちろん、中には中国の現体制批判を掲げる留学生もまったくいないわけではありませんが、それが異端中の異端になってしまった中国からの大学院留学生との対話に隔世の感を覚えます。もちろん、何が善い悪いではないでしょう。時流であり、現在の環境です。

中国の長い歴史を思い浮かべたとしても、地球史なんていう時計の秒針にも刻まれません。ならば、悪あがきしても無駄です。天命を待った方が楽でしょう。自分史でも、2度目のがんに、（後遺症がハイリスク過ぎて）命を守る外科手術より、がんと共存する化学療法を選び、少しでも長くQOLを維持しようとした結果、偶然にも新たに開発された免疫療法に救われた臨床社会学者の著者です。現在も、どんな意見にもリスクを冒してまで対立せずに、自然と受け流しております（拙著『2度のがんにも！不死身の人文学』および『サバイバル原論』参照）。自然とは、生き残ることが宿命であれば、悪いようにはしない（天誅などは下さない）でしょう。そして、たとえ滅びることが宿命であれば、自分が座っていた席を他者に譲るだけ（大雑把に言えば、恐竜が滅びたおかげで、人類は誕生した）で、俯瞰できれば意義のある人生だったのです。この大局観は人類すべて、生物すべてに言えることではないでしょうか。その間も、環境は、不変です。国破れて山河在りでしょう。

著者は幸いにも、自意識を単著に遺すことができれば、悔いなく環境を過ぎ去れます。環境に遺しておくのは、脳が同期できる（素晴らしく奥の深い日本語がわかる）人類が続く間だけで**満足**ですから、何事にもあっけらかんとできているのかもしれません。共感できる生物がいない地球は、著者にはもはや環境でもなく、宇宙であり形而上の彼方でした。

■汎情報環境論

「情報環境」などは、紛《まが》いものの問題意識だと思った方が楽でしょう。特に目に見えるメディアを介した情報など、すべてがフェイクだと捉えるべきではないでしょうか。高度なディープフェイクが蔓延する情報環境においては、真偽を問うなど、甚だ愚問で、自分の価値観に一致する情報だけを信じるしかないのかもしれません。例えば、信じる者は救われるというあらゆる宗教は、多かれ少なかれ荒唐無稽な陰謀論に近いと著者は考えています。

しかし実際に、そうなっているから、問題なのではありません。著者は、どんな陰謀論者にも説得など効かないし無駄だと諦観しているのです。ならば、同様の主張者ばかりが共鳴して集結してゆくエコーチェンバー現象の結果として、ある陰謀論者が多数を占めたら、それが現実なのでプラグマティックに適応するしかありません。壮大なる実験国家として建設されたアメリカ合衆国は、臨機応変を見事にやってのけています。2020年を挿んで、お互い陰謀論者呼ばわりしていたトランプ氏と民主党候補者が、民主的な選挙で入れ替わり大統領職を占めているのですから。それが、自然の成り行きとラベリングできるのではないでしょうか。発展途上国なら、内戦になってもおかしくありません。

しかし、選挙結果に一部でデモや暴動まがいの現象を引き起こしても、革命にまではとても至りません。そして最後は、アメリカ国民の殆どが決まった環境に日々の生活を適応させて、国家も物理的には分断していないのでした。かつてはあった南北戦争の様な、皆が命がけの銃撃戦などは繰り返されていませんから。

皆さんも、どの情報がフェイクかなどと悩まずに、内容の是非だけを問うてください。どんなに個人が悩み、足掻《あが》いたところで、多数派が世論を形成し、政治と経済を動かすのが、民主主義国家であれば自然の摂理なのです。また識者と名乗るオピニオンリーダーがどんなに批判や批評を繰り返したところで、少数のエリートは無力でしょう。環境に咲く仇花に過ぎません。それも自然の摂理です。

そんなに諦観していたら、再びヒトラーが出て来ると心配される向きもあるでしょう。しかし、プーチン氏や習近平氏、トランプ氏は、最終的にはヒトラーやスターリンまでの「完璧なる独裁者」になれないと著者は捉えています。何故なら現在、超大国の為政者は少なからず、基盤になる国民の動向にびくびくしている姿が、あらゆるメディアに映し出されているからです。その様な情報環境においては、現人神の様な独裁者は成立しません。つまり、全権を掌握できないと著者は考えています。もちろん、独裁にならないためにも、専制政治に対しは、常に批判できる視点が必要でしょう。

これは著者が授業で経験したことです。メンタルが弱いのに、ナルシシストの著者は、授業でも必ず万人にウケたいと思って臨みますが、そんな事は不可能です。非常勤講師の時代も含めて25年超で、万人にウケた授業など1度もできた試しがありません。教室には、必ず批判的な受講者が現れるのです。たとえ途中まで上手く喋れていても、たった一人が挑戦的な顔で教壇に向いていたり、無関心な表情をした学生が目に留まった途端、小心者の著者は声が裏返ったりしてペースを崩してしまうのでした。よって、超大国の為政者たちも自信満々に見えるかもしれませんが、すべての演説が微に入り細に入り配信される現在です。同様に啓蒙する立場にあり続けている著者には、トランプ氏が思ったほどの熱狂に包まれずに一瞬顔が引き攣《つ》ったり、プーチン氏が大衆にコールした後、意外にレスポンスが弱く、何度もやり直している時の表情が痛いほどわかるのです。習近平氏に至っては、専制政治ができる、それこそ恵まれた環境の共産党大会でも、胡錦濤氏が退場した際の引き攣った表情は隠しようがありませんでした。ヒトラーが演説する残された映像を見ると、ヒトラーも聴衆も書き割りの様にびくともしていません。当時の解像度が悪かったとも見られるかもしれませんが、一片のスキも映像に遺されていない歴史こそが、「完璧なる独裁者」を成立させていたのは事実です。びくびくした表情が隠し通せて、全権を掌握できた（できる）情報環境は、「限られたメディア」で、「情報を決め打ち」できたヒトラーやスターリンの時代か、現在なら発展途上の小国だけです。

但し、著者はびくびくしないで、全権を掌握したかのような授業ができた経験があります。２０２３年度後期、著者は再発した口腔がんが頸部まで浸潤しており、喉頭まで取る手術でしか命が守れないと宣告された時の事です。手術を受ければ、もう2度と口頭での授業はできません。以降の授業は、これ以上何に臆する事もなく、超然と「自説（情報）を決め打ち」できる迫真の授業「限られたメディア」となりました。そして年明け授業の最終回、手術の回避を決断して化学療法でがんと共存する選択を、学生たちにも報告したのです。結果、大学指定の「授業評価アンケート」では、回答した全学生が、著者の授業内容に関する全項目で、マイナスポイントを一つも付けませんでした。大学の教壇に立って25年以上ではじめてです。

よって、為政者も退路を断たれた時の居直りは心配ですが、著者が全権を掌握できたと感じられたのはせいぜい100人サイズの決められた教室です。ヒトラーの時代や小さな途上国の様にメディアを隔たりと意識せずに、為政者が「限られたメディア」で国民に対して「決め打ちされた情報」だけを投げかける環境ならアナロジー（類推）できるかもしれません。しかし、超大国で千万や億単位の国民を掌握するのは、全員と「限られたメディア」で対面していると錯覚させる情報環境など醸成できないので、もはや全権を掌握するなど物理的にも至難の業だと考えられるのでした。それが本節の冒頭で示唆した、メディアを挟む環境に唯一無二の真実など成立し得ないという情報の紛いもの化を証明してくれているのです。

でも愉しげな情報環境もあります。認知症者のメディア論です。

アルコール依存症からは回復している著者ですが、実母は認知症を発症して高級老人ホームに入っています（拙著『高齢者介護と福祉のけもの道』参照）。そんな母は認知症と診断される前から、ＶＴＲが認知できなくなり！テレビはすべて生放送で、映る人は、すべて生きていると確信していました。彼女にとっては、ＶＴＲで流される美空ひばりさんも、石原裕次郎さんも生きています。しかし、メディアの向こう側とは、受け手にとってはすべて直接に実体が確認できない世界観だと捉えれば、逆にすべて生放送だと捉える認識も一分の理があるのかもしれません。

そう考えてみれば、超高齢者に至った著者が、たとえ認知症になった場合でも心配無用です。例えば、認知症の母の様に、テレビはすべて生放送だと捉える〝歪んだメディア論〟が構築できるかもしれません。重症化すれば、勝手にストーリーを生み出す妄想や幻想も、著者はアルコール依存症の離脱症状で経験済みですから、場数を踏んでより高次のファンタジーを生み出す期待も持てるでしょう（拙著『脱アルコールの哲学』pp.28-30.参照）。

そして、それらを病理現象と捉えるか、芸術家のサルバドール・ダリが描いた超現実の世界観の様に、「シュールなメディア論」とするか、改めて物議を醸す〝精神障がいをも個性とする社会学者〟の著者が再生して論じられるのかもしれません。医療が生命を保障してくれる環境がある限り、病をめぐる情報環境とそこで生きるライフストーリーは果てしなく展開してゆく可能性があるでしょう。長生きできればですが。

■汎未来環境論

未来なんて考えても無駄だと思います。人間に限って言えば、社会的な生き物である限り、他人との人間関係で未来は変わるでしょう。他人は別人格なので、コントロールできないどころか、何をしでかすか、わかりません。よって、極力人間関係を減らす環境に身を置くのが、メンタルが弱いのにナルシシストの著者が安心して生き残るコツです。少なくとも仕事上の読み切り関係だけに減らすのがベターでしょう。

社会と接点を持ちたければ、一方的にサービスを受けられる旧来のテレビ鑑賞がおすすめです。著者にとってのテレビ鑑賞は、ある程度信頼できるシェフのおすすめコースを毎日食べている様な社会情報の摂取となっています。そして社会においては、他人の言動を気に病まないで済む、孤高こそが安心な立ち位置であり、環境なのではないでしょうか。そこには未来もクソも、ただ佇んでいるだけのなんと楽なことか。もちろん、それだけでは承認欲求が満たされず、心が病んでしまう人も多いでしょう。元来、いつの間にか社会的な生物になってしまった人間ですから。

著者は幸いなことに、単著の出版という極めて孤高な執筆活動で発信して、承認不足で病む暇を無くしています。でもこれは、今に始まったことではないのでした。あらゆる拙著に書いているので、ご高覧下さっている皆様には、耳タコならぬ既視感のあるエピソードを再録します。映画『バック・トゥ・ザ・フューチャー』3部作の世界観と思って、著者のライフヒストリーを行き来させても飽きないでください。

著者は一切勉強しなくても好成績で合格できた進学校でも、一切勉強しなかったら成績が最下位クラスまで沈み、誰も相手にしてくれなくなりました。それが進学校の環境です。そこで、深夜ラジオに投稿をはじめ、3年生ではじめて全国放送の『中島みゆきのオールナイトニッポン』でハガキが読まれるまで、勉強など一切せずに何百枚も没ハガキを書き続けていたのです。その間、苦しかったかと問えば、楽しく**大満足**の日々でした。いつハガキが読まれるか、未来など全く見えないのに、ひたすら書いているのが楽しかったのは、今この本を書いているのと同様の感覚で、承認される以前に、発信（発送）できただけで**自己満足**できる、マスターベーションの様な境地でした。そうです。著者独自の筆致は、高校時代の誰にも添削されない没ハガキで密かに研かれていたのでした。膳所高校という同じ環境に端を発して、大学教授になった者が同じクラスにもう一人いました。彼はクラスで常に成績トップで、読書感想文などを出せば必ず全国表彰される超優等生です。没ハガキでも悦に入っていた著者とは筆致の次元が違いました。最近、リサーチマップで検索して見たら、優等生の同級生は京大で英文科を大学院まで出て、現在は阪大の教授です。片やクラスでは成績ビリだった著者が近大の教授で、どちらも文系研究者の極みでした。但し今でも覚えているのは、当時クラス担任だった「生物」の先生が、トップの彼とビリの著者だけ、密かに内申書でひと言ダントツぶりを評価する文言を添えてくれているのです。時効でしょうから、参照に必要な情報のみ開示します。トップの彼の内申書は明かせませんが、ビリの著者の内申書には「才覚を秘める。」と書いてもらえました。心底嬉しかったし、やはり先見の明がありましたね、文系のクラスなのに「生物」の担任は。

ここで何が言いたいかと言うと、運命に逆らわなければ、分相応の**満足感**は得られる可能性があると言うことです。環境など恵まれようが、切り拓けようが、運命に身を委ねるのが一番楽で、後悔がありません。何度、重篤ながんに苛まれても、悪あがきせずに、今やりたい事を最優先にして来た著者が、今も身体機能を失わずに生きて発信している現実はその証左です。

そして著者に限らず一般的には、将来一部の専門技術としてしか残らないと予測できる未来像があります。例えば、メタバースなどテクノロジーによる仮想空間（環境）は、一部の趣味人しか没入できないと著者は見限って参りました。万人が没入できる異空間（環境）は、薬物が脳に直接化学的な影響を及ぼす幻覚くらいでしょう。著者は、アルコール依存症から回復する最初の段階で離脱症状になり、突然アルコールを抜いて混乱した脳が見せてくれた幻覚が忘れられません（拙著『脱アルコールの哲学』pp.28-30.参照）。異次元の家族と交流したり、革命に加わったり、無地のシーツからあらぬ呪文を解読したり、2度とお目にかかれないと思えるほど絶品の寿司まで食いました。但し、呪文の意味も、寿司の味も覚えていません。残っているのは、多幸感と満足感だけです。そんなリアルな幻覚を見た経験に比べたら、ゴーグルなどの工具で見せられる世界観など、映画と大差がない縁日におけるテキ屋の興行なのです。著者には、テレビジョンの方が、生まれた時から日常生活の環境に溶け込んでいるために自然と脳に作用し続けていて、思考の習慣を変えてくれている様な気がします。

また経済から見ても、メタバース市場や仮想通貨などのヴァーチャルな世界観は、まったく新しくありません。架空の価値観としては、これまでの貨幣と同様だからです。小手先の仕組みを変更しただけで、哲学的な価値観の変容などとは程遠いでしょう。

断酒10年を超えたアルコール依存症者である著者から見て、万人の世界観を変容させられるとしたら、万人がコントロールできる（依存症にならない）薬物に出会えて摂取して、万人の脳が化学的な反応を起こして、幻覚や幻想を見せてくれた環境くらいしか考えられません。つまり、著者から見たら、現段階で人間が開発したテクノロジーなどは全く新しい情報環境など創出しないし、できないと断じられるのです。

本来メタなる次元とは、決して現実にはありえない概念でなければ、意味がありません。倫理も説く万能の哲学者、アリストテレスが描き遺した形而上学（metaphysics）は、著者が勝手に咀嚼すると、せめて意識を改革して、ようやく開く扉に手を掛けられる領域です。だから、著者は第2や再発のがんに苛まれた場合、現実には見えない神仏にすがるしかないと考えて実践しているのでした（拙著『2度のがんにも！不死身の人文学』pp.116-165.「II．再発したら、伴病の宗教学」参照）。しかし、その思考回路は簡単に言うと、小学校で実践済みです。現実にはあり得ない図形（例：面積を持たない3点を結ぶ直線で囲まれた図形など）を思い浮かべながら、正解が出ることを祈るように、面積を求める式で計算する仮想の作業と同様でしょう。実は、多くの文明人が、現在の日本で言うと義務教育レベルで形而上学の訓練はできているはずなのでした。

よって、メディア論の観点からも、メタバースにもリアルな世界の模倣ではなく、形而上学の世界観を持たさなければ、存在意義などないでしょう。

さらにメディアの技術を探究すれば、シンギュラリティ（技術が人知を凌駕する時）が危惧されている自律型ＡＩ（人工知能）の出現ですが、それがエンドレスに進化するならば、寿命などもないのでしょう。そしてそれが本当なら、不滅のＡＩが、寿命があって勝手に滅びる人間なんて、いちいち支配したり敵視したり、そんな厄介な事などする必要もありません。人間はＡＩに放っておかれるだけでしょう。逆に人類は、自分が生み出したＡＩなのに、文句ばっかり言って批判していると、面倒も見てもらえなくなるだけです。正に生身の親子関係、即ち家庭環境と同様でしょう（拙著『高齢者介護と福祉のけもの道』参照）。

■ところで、切れ味の良いポスト環境学とは、何か

ここまで独自に汎用の環境論を検討した結果、汎用できるがつかみどころのない観念的な「環境」概念を穿《うが》つと、実はもっと適切かつ単純明快な言葉に言い換えられるのではないかという考えに至っ

た著者なのです。つまり、ポスト環境学とは、「環境」を禁句にして語れば、解決すべき本質、具体像が見えて来るのではないでしょうか。そうできれば、**あらゆる「環境」問題とは、言語を操る人間だけの空想なのではないか**という仮説にも向かえるでしょう。

観念的な「環境」を禁句にすると、例えば家庭環境が悪いからとは言えない代わりに、親子関係が悪いからと言い換えれば、1段階は具体的になります。さらに、「関係」も禁句にすると、父親からの虐待があったためなどと問題の本質が明るみに出るでしょう。

汎用の概念は、問題の本質を見失わせる危険性があるのです。問題の合理的な解決を目指すのであれば、曖昧さを回避するために、○○環境は、「環境」を禁句にして、**切れ味**の良い言葉に置き換えてみると、問題の本質が見えて、解決のめどが立つケースもあるでしょう。その言い換えは、因果関係が不明瞭な仮定や捉えどころのない前提を排し、シンプルかつ明瞭に言い切れる思考法「オッカムの剃刀」（**Occam's razor**）の様な**切れ味**を発揮するのです。

他者批判は、生産性の無い作業だと心得る著者は、附論で自身が述べて来た汎用の環境論から、アンダーラインを引いて強調していた部分にある「環境」を言い換えて、加筆・修正してみました。それぞれ一例に過ぎませんが、より本質を突く論考になっていると読めるのではないでしょうか。

■汎生活環境論

この様に、目の前に広がる環境に適応する姿勢は、すぐに心が折れない事だけを考えて、生き残れた著者の経験則からたどり着いた境地でした。

←

この様に、大多数の意見に共感する姿勢は、すぐに心が折れない事だけを考えて、生き残れた著者の経験則からたどり着いた境地でした。

■汎意識環境論

著者は幸いにも、自意識を単著に遺すことができれば、悔いなく環境を過ぎ去れます。環境に遺しておくのは、脳が同期できる（素晴らしく奥の深い日本語がわかる）人類が続く間だけで**満足**ですから、何事にもあっけらかんとできているのかもしれません。

←

著者は幸いにも、自意識を単著に遺すことができれば、悔いなくみんなの認知領域から過ぎ去れます。みんなの記憶に遺しておくのは、脳が同期できる（素晴らしく奥の深い日本語がわかる）人類が続く間だけで**満足**ですから、何事にもあっけらかんとできているのかもしれません。

■汎情報環境論

選挙結果に一部でデモや暴動まがいの現象を引き起こしても、革命にまではとても至りません。そして結局は、アメリカ国民の殆どが決まった環境に日々の生活を適応させて、国家も物理的には分断していないのでした。

←

選挙結果に一部でデモや暴動まがいの現象を引き起こしても、革命にまではとても至りません。そして結局は、アメリカ国民の殆どが決まった大統領を全否定する事もなく、日々の生活を適応させて、国家も物理的には分断していないのでした。

■汎未来環境論

ここで何が言いたいかと言うと、運命に逆らわなければ、分相応の**満足感**は得られる可能性があると言うことです。環境など恵まれようが、切り拓けようが、運命に身を委ねるのが楽なケースもあり、その場合は後悔がありません。

←

ここで何が言いたいかと言うと、運命に逆らわなければ、分相応の**満足感**は得られる可能性があると言うことです。家庭や学校、職場などに恵まれようが、切り拓けようが、運命に身を委ねるのが楽なケースもあり、その場合は後悔がありません。

拙論からの一例でしたが、誰の文章にも出て来る「環境」も、**切れ味**の良い具体的な言葉に言い換えれば、より本質が見えて来るケースが多いのは現実でしょう。試してみてください。そして思考訓練としては、例えば人間とは勘所の違う生成ＡＩに同じ内容で「環境」を禁句にした文言作成を投げかけ、自身の文章と比較しては曖昧さを指摘し合うのも、**切れ味**を研く試みになるかもしれません。

直近の歴史を紐解いてみると、環境学には経済学の様にマクロに考えても、漠然とする目標ばかりで達成されたかも忘れられるケースも多いのです。例えば、何年か毎に開催される国際的な環境会議で掲げられた中長期の目標も達成される前に、必ずと言っていいほど次の環境会議が開催されて新たなる目標にすり替えられるのは欺瞞です。ならば、むしろミクロな課題を短期的に設定しては、**切れ味**良く解決して行く算段が有意義なのではないでしょうか。

結果、ポスト環境学の必要性が見えて来ます。著者は、環境を人間の空想だと捉えて、この先、あらゆる生きとし生ける者の問題に向き合う場合、より具体的な言葉で態度表明してゆく所存です。すると、自然に有効な解決策が導き出せると感じているのでした。

もちろん、それはこれまでの環境学を否定する考えではありません。近代の価値観を壊す事なく、ポストモダンが生まれた様に、これまでの環境学を尊重した上で、オルタナティヴな考え方として、**切れ味**の良いポスト環境学を構築してゆく方法論が有効なのではないでしょうか。

ひとつの結論です。問題の解決、即ち**切れ味**が必要な場面においては、「環境」というキーワードを極力使わない方が、最善の策が導き出せると著者は考えつきました。但し、「環境」という言葉が存在する以上、意義もあるはずです。そこで、喫緊を要しない場合、頭でっかちの人類だけが理解できる観念論や詩的な表現としては「環境」も有意義に使えるのです。

■詩的な結語——では、環境に適応して、どう生きるべきなのか——

人類なんて、地球史の中で、ほんの一瞬の仇花です。温暖化させせようが、いずれ氷河期はまた来ます。

だったら、高くても払えるなら、美味しいもん食べて、中期的には宵越しの金を持たないのが一番幸せです。短期的に宵越しの金を持たないのは、人類以前（サル化）でその日暮らしの動物でしょう。長期的に宵越しの金を貯め込むのは、人類延命（マシン化）でＡＩに存在意義を取って代わられるかもしれません。理想郷では、財産なんて残さなくても、死ぬ前に無くなっても、何とかしてくれる政府を支持して、美味しいもん食べて、払える金を払えば、さらに美味しいもんが開発されるでしょう。もちろん、より良い食欲の充足は、すべて人間の欲望と経済の輪転の比喩です。

著者は、環境活動家と言われる人々の主張が、大多数の人類に支持されたら、委任するでしょう。それが自然の成り行きだと語って来たのですから。その場合、科学的根拠こそが、人間だけの空想だとも言えるのです。だから文学研究と同様に、物理学の研究も宇宙史が続く限り、全てが決着する事はないでしょう。

ビーバーは今日も川に巣を作って、魚の遡上を邪魔しています。我々も誰に憚《はばか》ることなく、楽な文明を築きましょう。

でも倹約したり、質素になるのが人類多数の**満足**だと自覚され、支持されるのなら、著者は文句を言わずに倣《なら》うでしょう。それが楽だし、自然だと思うからです。でなければ、放蕩を尽くして退場し、次に控える生き物に席を譲るでしょう。残されたのが、バクテリアだけでも結構です。地球史は、振り出しに戻るだけですから。再び、人類の様な知的生物が出て来たら、意識がカムバックできると信じましょう。進化のプロセスを意識で遡れるSF映画『アルタード・ステーツ』（1979）の様に。

人間も生物で、自然の一部です。決して自然を超える神のような存在ではありません。そんな人間の営為から創られた都市も、自然の一端だと言えるでしょう。

著者は高校卒業後、死にたいくらいに憧れた！東京に出て、17年間一人暮らしでした。1980年代、関西にはなく、東京にしかなかったポップカルチャーの環境がいっぱいだったのです。例えば、路上でクレープ。当時、少なくとも大津や京都の路上では見当たりません。著者は上京したその足で、原宿へ行って、ホイップクリーム塗れのクレープを路上で頬張りました。それだけでエクスタシーを感じられたのは、小学生の頃に大津市の千団子祭りで、テキヤさんから、ほとんどが衣で身がわからない串カツを何十円かで買い、ソース塗れにして頬張って以来でした。

そして17年、東京暮らしの間、特にストリートとしての息づかいを勝手に感じたのが、下北沢と阿佐ヶ谷です。1992〜1997年、下北沢は、仲の良かったガールフレンドが一人暮らしをしていて、再開発前までの息づかいを体感しています。また阿佐ヶ谷は、著者が最後に一人暮らしをした場所で、当時は再開発と無縁の中央線沿線カルチャーを体感しました。いずれも（小田急線と中央線の）始発駅でキーステーションは新宿です。著者が社会学部の学生になって直ぐに、フィールドワークの一環ではじめたエキストラ俳優のアルバイトにおいては、昭和の刑事もん（ドラマ）で、聞き込みのシーンと言えば新宿ロケでした。

新しい景観は慣れたら、すぐに古く感じて飽きてしまうものですが、懐かしい感覚を抱ける景観なら永遠に不滅です。

これは、老朽化して客足が遠のいた西武園のリニューアルを頼まれた稀代のマーケター、森岡毅さんが新しい遊園地に生まれ変わらせるのではなく、古くなった遊具はそのままに懐かしい昭和の世界観にマイナーチェンジして大成功した理由からも考えられる著者の都市論です。再開発される前は、暗がりも適度に散在していて、誰もが懐かしい感覚を抱ける雑然とした下北沢の魅力が、2022年にはほぼ明るく整然と再開発されてしまいました。わかりやすく言うと、著者には子ども心をくすぐられる懐かしくも怪しげな本屋兼雑貨屋の「ヴィレッジヴァンガード」(通称ヴィレヴァン)が、洗練されてはいるが都市型ホームセンターの「ハンズ」(旧東急ハンズ)に様変わりした感覚でした。著者が知る再開発前の下北沢には、探せば前衛的な掘り出し物が見つかる古本屋などもあったものです。現在も、あるにはあるんでしょうが、影を潜めてしまいました。とても、愛すべき呑み鉄の六角精児さんが大手を振って徘徊する街ではなくなってしまったのです。

再開発前の下北沢は不思議な空間で、どんな大物芸能人でも生活圏として徘徊しており、オシャレな街なのに、関西コテコテ文化の象徴、餃子の王将が違和感もなく1980年代から出店していたのです。これには関西人としても嬉しい発見でした。そこで、上京組の著者は、目の前を普段着で闊歩する手の届くスターたちの様に自分もなれそうやし、ならなくてはと社会学者とはいえまだまだ大学院生止まりだった身で、意を強くしたものです。昭和育ちで関西人の著者の目に最初に留まったのは、オーラを放たない谷村新司さんでした。そして、一番インパクトがあった遭遇は、下北沢在住のガールフレンドと横浜で、ボン・ジョヴィのライヴを観て、シモキタまで帰って来てバーに行った時の出会いです。その夜は小雨だったのか、傘をカウンターに引っ掛けて、彼女と飲んでいたら、彼女がしきりに著者の左手を向けと右から合図するので、左を向いた途端、掛けてあった著者の傘を左に腰掛けていた外国人にぶつけて、すんません。すんません。と平謝り。そして酔っ払った笑顔を返してくれたその外国人が、よく見ると！数時間前まで横浜のステージに立っていたジョン・ボン・ジョヴィさんだったのです。シモキタの吸引力、恐るべし。幻影だったのでしょうか。でも、整然としていない渾沌とした街並みに、突如スターの日常が同居しているこんな出会いを感じられるからこそ、ここ下北沢は、身を置いていれば〈向上心〉が湧く環境だと確信したものです。結果、シモキタの彼女と仲良しの間に、著者のメディア研究の論文業績はほとんど仕上がっていました（拙著『サバイバル原論』pp.97–102.参照）。

さて、そんな彼女と縁がなくなり、1997〜1999年、阿佐ヶ谷で東京生活の最終を迎えた著者ですが、居心地は良かったです。風体を気にせず朝から酒を呑める場所もあり、アルコール依存症が最盛期に差し掛かっていた著者をも優しく迎え入れてくれる環境でした。どこで呑んでいても、街の住人とはフレンドリーに話し合えましたし、ジョン・ボン・ジョヴィさんはいないけれど、売れていたり売れていなかったりする芸人さんたちは、いくらでも相手をしてくれます。そして、彼ら彼女たちとしこたま呑んでしゃべっていると、最終的には〝俺ら間違ってへんよな〟っていう居心地の良い結論にさせてもらえるのです。それはさらに、アルコール依存症者の誤作動している脳には〝これでええねんな〟と翻訳されるのでした。ひたすら享楽に耽《ふけ》りましたが、〈向上心〉は薄れてゆきました。上京した最初の一年、予備校の寮に入りながら、夜毎オールナイトの新宿ディスコ三昧で、**満足**しながらも、成績ダダ下がりだった環境に似ています（拙著『サバイバル原論』pp.83-91.参照）。結局、東京で最終の2年は、アルコール依存症者の落とし穴！急性膵炎にもなり、河北総合病院で一命を取り留めるはめにもなってしまいました。ガールフレンドも失い、酒に溺れた著者の自業自得です。

そこで起死回生、近畿大学に救われて（採用されて）、関西に戻っていなかったら、著者は中央線沿線の藻屑と消えていたでしょう。結果論ですが、阿佐ヶ谷時代の2年間は、一本も論文はおろか、学会発表もしていません。但し、安らかにアルコールには浸りながらも、自己肯定感がこの上なく、未発表ながら独自の学説はいくつも脳内に練っておりました。後に断酒後、毎年10万字ほどの単著を連発した元ネタは、当時の脳内にあります。また、都市の比較文化論を考える場合、適応した本人の精神が一番の問題ですが、シモキタ体験も阿佐ヶ谷体験も両方の環境が、一度は憧れた東京を語る著者には必要だったのでしょう。

そして、近畿大学には、著者の人生を救ってくれた大恩があるのです。本書も入れて9年連発の単著の内容に対して、奉職する近畿大学を持ち上げ過ぎだとか、勤務校に媚を売り過ぎだと言う批判を良く耳にします。しかし常に感謝の心を忘れず、我が人生を救い、守ってくれた近畿大学への恩義に報いて、持ち上げない日本人などどこにいるのでしょうか。恩返しではありませんが、著者は学生たちを近畿大学への〝入口〟で迎えるオープンキャンパス委員と〝出口〟へ送り出すキャリア（就職）支援委員を拝命し、長らく天職の様に活動しています（拙著『2度のがんにも！不死身の人文学』pp.21-61.およびpp.59-60. pp.74-75.参照）。そしてようやく、近畿大学で1999年4月から奉職して勤続25年を迎えられる見込みなのです。この間、アスリートの様に〈信念〉を持って全力授業（プレー）を展開して参りました。2度もがんに苛まれたにも拘わらず、〈執念〉の勤続25年が実れば、本当にありがたいことです。さらに、不治の（完治しない）病と言われたアルコール依存症からも回復して、断酒10年を超えました。

正に運命や環境に支配されながらも、自然と生き残っている著者です。振り返ってみると、いつも最後は運命や環境に抗わない自然体でいられたから、強い抗がん剤治療や奇跡を願う免疫療法でも副作用が酷過ぎず、薬が人一倍効いたのかもしれません。

運命、それは人類すべて、生物すべてに言える詩的な「環境」そのものではないでしょうか。

■**附記**

本書の「附論」は、著者が口頭発表した「ポスト環境学序説――使い勝手が良い「環境」概念であれば、汎用化のための試論――」（An Introduction to Post-Environmental Studies: Recommendation of Adaptation on Our Part to the Given Conditions.）（第96回日本社会学会大会一般研究報告、2023.10.8.9. 於：立正大学）を叩き台として、大幅に加筆・修正した内容です。

あとがき

本論において、有名な環境大臣こそが、東京電力福島第一原発における世界最高水準の多核種除去設備（ＡＬＰＳ）で浄化した処理水を一気飲みしてはどうかと挑発した手前、附論は必要な展開でした。また世界的にも環境保護か、経済優先かが問われるなど、常に内外の政治と経済で大きなテーマとなる「環境」問題なので、附論ではできるだけ俯瞰して背景にある思想まで考えてみたのです。

１９９９年4月、近畿大学文芸学部に専任講師として着任した著者は、その後これまでに2度もがんになり、アルコール依存症からも回復して、親の認知症にまで直面しました（拙著『楽天的闘病論』、『脱アルコールの哲学』、『高齢者介護と福祉のけもの道』、『2度のがんにも！不死身の人文学』参照）。しかし、すべての難題を研究テーマに据えて乗り超えて来た臨床社会学者です。難題と解決の道筋は、すべてを学生たちに授業でも開示して、次世代が人生を切り拓くためのヒントにしてもらえれば本望だと考えて参りました。そして後世に遺したい型破りな処方箋は、学術書として単著で9冊も出版できたのです。

我が人生に、寸分の狂いなし。

と言い切れなければ、生き残れません。そして単著と言っても、もちろん志のある出版社の有能な編集者とタッグを組めてこその上梓です。著者と編集者と出版社の関係は、稀代のパンクバンド〝Sex

Pistols〟をめぐるジョニー・ロットン（ベースのカリスマ、シド・ヴィシャスにはなれない破竹のヴォーカリスト）が著者で、マルコム・マクラーレン（異端の作風を世に晒せるようにチェックしてくれる辣腕プロデューサー）が編集者、ヴァージン・レコード（新たなる老舗）が出版社だと関係性を譬《たと》えています（拙著『パンク社会学』「はじめに」の冒頭参照）。さらに、表紙のデザイナーは、ヴィヴィアン・ウエストウッド（臨機応変なロック魂の表現者）に値すると勝手に意気がっている著者です。

　そして、著者の型破りな前著『2度のがんにも！不死身の人文学』から、常に行き届いた校正を施してくださった編集者の坂野美鈴さん。特に今回は、パワポを敬遠する著者作成のため（拙著『大学というメディア論』pp.3–54.参照）、本書の目玉なのに粗削りで見苦しい図表を、洗練された形にして頂き、そのスマートな手腕に感謝致します。そして後ろにどっしりと構えて、本書の内容を認めてくださった編集部長、西村喜夫さん。お二人ともに、改めて心より御礼申し上げます。そんな有能なスタッフを抱えた哲学ある出版社の晃洋書房さんには、本書の異端の内容を大義があると判断して出版して頂けたことに、重ねて感謝申し上げます。さらにまいど、学術書らしからぬアヴァンギャルドな表紙デザインの希望を叶えて下さった北村昭さん、ありがとうございました！

　結果、これまでも出版できた拙著の数々には、著者ならではの覚悟が秘められています。ＡＤＨＤ（注意欠如・多動性障がい）の著者は、これまで苦労して読んだ著名な学術書の多くが、1冊の中で使える（引用、援用、応用や批評の対象に出来る）真にオリジナルな部分は1ページあるかないかでした。人類がヒトゲノム（人間の遺伝情報）の解読を終えてみたら、肝心のタンパク質を作る情報が込められた部分は、たった2％に過ぎなかった徒労感と同様です。もちろん、これから深読みすれば、多様な機能を司る情報が出て来るのかもしれません。しかし、ADHDかつ数多の病根を持つ著者には、限られた人生で、そんな余裕はありませんでした。

そこで著者自身が発信するのであれば、共感してもらえるだけではなく、多くが批判の対象に晒《さら》されたとしても、全ページが！独自の見解で埋め尽くされた本しか出さないと心に決めているのでした。他の本や新聞、雑誌には決して書かれていない、テレビの急進的なコメンテーターでさえ言っていない見解を散りばめるのが理想です。それを、何でもありの動物的なネット空間ではなく、近代合理主義を踏襲した文明人が使うマス・メディアの一つ、単著の出版で示したいのです。そしてその姿勢こそが、他の動物とは一線を画す人類の英知を、ほんの僅《わず》かでも進歩させることに寄与すると信じているのでした。

大学で行う一期一会の対面ライヴ授業では、独自をさらに独善ではない独特に進化させた見解を放っています。

「テレビに学び、映画のように生きる。」と公言してきたガンマン（がん患者）の著者です。そして、ガンマンはいつ死ぬかわからないからとキャンサーパンクに進化しながら、9年連続で上梓してきた単著は、いずれも学術書と言うだけではなく、著者にとって映画作品の様な大局観のある存在です。

中学時代、著者の夢は、映画評論家になることでした。1977年、老舗の映画雑誌『キネマ旬報』に、名匠ジョン・スタージェス監督の渋い戦争サスペンス『鷲が舞い降りた』の映画評をはじめて投稿した結果、一次審査の合格者として、当時中2ながら名前が誌面に載ったこともあります。まさに、中二病だったのでしょうか。その後、高校時代は深夜ラジオ、大学時代はテレビと、主に愛好して顔を覗かせた(投稿や観覧した)チャンネルは変遷しました。しかし、メディア耽溺の原点は活字ではなく、紛れもなく映画だったのです。

拙著『パンク社会学』は、ジャケ買いしたという声も多数、寄せられました。

そこで本書のジャケット(表紙)も！昭和のレコードジャケットのようにお願いしました。著者にとって単著の出版は、内容は映画的で劇的ですが、メディアとしては、音楽アーティストによるアルバム発表のようなメッセージでもあるのでした。

そんな学術書のつもりですが、構成がマルチメディアの様相を呈した本書を躊躇なくご高覧下さった読者の皆様、本当にありがとうございました。決して全ての自説に共感してくれなどとは申しません。なぜなら、現代の社会問題に、唯一無二の正解などありませんから。そこで本書が、これなら私にだって提言できると刺激になって、一人でも多くの方々から、一つでも多く問題の解決策／選択肢が世に出る事を願っています。

令和6年1月

前田益尚

起死回生の政治経済学
――日本が蘇える！ドラスティックな政策論集――

二〇二四年三月二〇日　初版第一刷発行

著　者　前田益尚©
発行者　萩原淳平
印刷者　河野俊一郎
発行所　株式会社　晃洋書房
京都市右京区西院北矢掛町七
電話　〇七五（三一二）〇七八八（代）
振替口座　〇一〇四〇―六―三二二八〇

印刷・製本　西濃印刷㈱
装丁　㈱クオリアデザイン事務所
ISBN 978-4-7710-3805-9

《著者紹介》

前 田 益 尚（まえだ ますなお）
臨床社会学者

近畿大学文芸学部教授
近畿大学大学院総合文化研究科教授

1964年生まれ．滋賀県大津市出身
滋賀県立膳所高校卒
法政大学社会学部応用経済学科卒
成城大学大学院文学研究科コミュニケーション学専攻博士後期課程単位取得退学（文学修士）

専門領域：時事問題を解決するためのメディア研究

著者が敬服する！国内の政治家と実業家（唯一無比な人物像）：
世耕弘成さん（ロシアのウクライナ侵攻下でも，液化天然ガス事業「サハリン２」を日本が維持する大義など，世界に向かって広報できるタフネゴシエーター）
大山健太郎さん（大手家電メーカーで早期退職を余儀なくされた技術者を集めて，付加価値のある斬新な商品開発を進めたアイリスオーヤマの社風立役者）

所属学会：日本社会学会，関西社会学会，関東社会学会，日本メディア学会，(財)情報通信学会，日本社会心理学会,日本アルコール関連問題学会，関西アルコール関連問題学会

主な単著：
『２度のがんにも！不死身の人文学――超病の倫理学から，伴病の宗教学をめぐって』晃洋書房，2023.
『高齢者介護と福祉のけもの道――ある危機的な家族関係のエスノグラフィー』晃洋書房，2022.
『サバイバル原論――病める社会を生き抜く心理学』晃洋書房，2021.
『パンク社会学――ここでしか言えない社会問題の即興解決法』晃洋書房，2020.
『脱アルコールの哲学――理屈でデザインする酒のない人生』晃洋書房，2019.
『マス・コミュニケーション単純化の論理――テレビを視る時は，直観リテラシーで』晃洋書房，2018.
『大学というメディア論――授業は，ライヴでなければ生き残れない』幻冬舎ルネッサンス新書，2017.
『楽天的闘病論――がんとアルコール依存症，転んでもタダでは起きぬ社会学』晃洋書房，2016.
その他，共著，学術論文など多数.

参考文献

安倍晋三『安倍晋三　回顧録』中央公論新社, 2023.

Alterman, E., *Sound & Fury: The Washington Punditcracy & the Collapse of American Politics*, HarpC, 1992.

Amartya, S., *Inequality Reexamined*. New York Oxford New York: Russell Sage Foundation Clarendon Press Oxford University Press. 1992.（池本幸生・野上裕生・佐藤仁訳『不平等の再検討：潜在能力と自由』岩波書店, 1999.）

青山繁晴『いま救国――超経済外交の戦闘力』扶桑社新書, 2021.

安藤寿康『生まれが9割の世界をどう生きるか 遺伝と環境による不平等な現実を生き抜く処方箋』SB新書, 2022.

有田正規「あすへの考【情報の洪水】多すぎる論文　誰も読み切れず」『読売新聞』2023.9.3. 6面.

Assange, J., *Cypherpunks: Freedom and the Future of the Internet*, The Times Group Books, 2013.（松田和宏訳『サイファーパンク インターネットの自由と未来』青土社, 2013.）

デービッド・アトキンソン, 竹中平蔵『「強い日本」をつくる論理思考』ビジネス社, 2021.

Baran, P.A. & Sweezy, P.M., *Monopoly Capital, an Essay on the American Economic and Social Order*, Penguin Books. 1966.（小原敬士訳『独占資本――アメリカの経済・社会秩序にかんする試論』岩波書店, 1967.）

Bromberg, C., *The Wicked Ways of Malcom Mclaren*, Harper & Row Inc. 1989.（林田ひめじ訳『セックス・ピストルズを操った男――マルコム・マクラーレンのねじけた人生』ソニー・マガジンズ, 1993.）

武論尊（原作）/ 原哲夫（作画）『北斗の拳』集英社〈ジャンプ・コミックス〉, 全27巻, 1984-1989.

Certeau, M. D., *L' Invention du Quotidien l' Art de Faire*, U. G. E., coll.10／18. 1980.（山田登世子訳『日常的実践のポイエティーク』国文社, 1987.）

Dewey, J., *Reconstruction in Philosophy*, New York, H. Holt and Company. 1920.（清水幾太郎，清水禮子訳『哲学の改造』岩波文庫, 1968.）

堂目卓生『アダム・スミス――「道徳感情論」と「国富論」の世界』中公新書, 2008.

Dorling, D., *Slowdown: The End of the Great Acceleration――and Why It's Good for the Planet, the Economy, and Our Lives*, Yale University Press, 2020.（遠藤真美訳『Slowdown 減速する素晴らしい世界』東洋経済新報社, 2022.）

Edmondson, A., *Psychological Safety and Learning Behavior in Work Teams*, Administrative Science Quarterly, 44(2): 350-383. 1999.

江上剛『起死回生』講談社文庫, 2013.

Einstein, A., *Zur Electrodynamik be wegter Korper*, Annalen der Physik, 1905.（内山龍雄訳・解説『相対性理論』岩波文庫, 1988. ）

遠藤誉『習近平が狙う「米一極から多極化へ」台湾有事を創り出すのはCIAだ！』ビジネス社, 2023.

藤田文武「政党は経営する時代　巨大与党と戦う武器はベンチャー精神」『中央公論』2023年８月号, 中央公論新社. pp.28-35.

――――『40代政党COO 日本の大改革に挑む』ワニブックス, 2023.

福田充『リスク・コミュニケーションとメディア――社会調査論的アプローチ』北樹出版, 2010.

福沢諭吉『学問のすゝめ』岩波文庫, 1978.

――――『福沢諭吉著作集〈第６巻〉民間経済録・実業論』慶應義塾大学出版会, 2003.

Giddens, A., *The Third Way: The Renewal of Social Democracy*, Polity Press. 1998.（佐和隆光訳『第三の道』日本経済評論社, 2002.）

GACKT『GACKTのドス黒いメンタリズム』サンクチュアリ・パブリッシング, 2022.

ガーシー（東谷義和）『死なばもろとも』幻冬舎, 2022.

Galtung, J., *Conflict Transformation by Peaceful Means【the Transcend Method】*, United Nations, 2000.（伊藤武彦編・奥本京子訳『平和的手段による紛争の転換【超越法】』平和文化, 2000.）

Graeber, D., *Debt: The First 5,000 Years*, Melville House , 2011.（酒井隆史・高祖岩三郎・佐々木夏子訳『負債論 貨幣と暴力の5000年』以文社, 2016.）
Graeber, D.& Wengrow, D., *The Dawn of Everything: A New History of Humanity*, Penguin Books Ltd, 2022.（酒井隆史訳『万物の黎明 人類史を根本からくつがえす 』光文社, 2023.）
Harari, Y.N., *Sapiens: A Brief History of Humankind*, London: Harvill Secker. 2014.（柴田裕之訳『サピエンス全史――文明の構造と人類の幸福』河出書房新社, 2016.）
長谷川英佑『働かないアリに意義がある』メディアファクトリー新書, 2010.
――――『縮む世界でどう生き延びるか?』メディアファクトリー新書, 2013.
長谷川眞理子（監修）『正解は一つじゃない 子育てする動物たち』東京大学出版会, 2019.
橋下徹『異端のすすめ 強みを武器にする生き方』SB新書, 2020.
――――『折れない心　人間関係に悩まない生き方』PHP新書, 2023.
秦正樹『陰謀論　民主主義を揺るがすメカニズム』中公新書, 2022.
林健太郎『否定しない習慣』フォレスト出版, 2022.
林芳正『林芳正のやさしい金融・財政論』長崎出版, 2003.
Heath, J., *Filthy Lucre: Economics for People Who Hate Capitalism*, Harpercollins Canad, 2009.（栗原百代訳『資本主義が嫌いな人のための経済学』NTT出版, 2012.）
―――― *Following the Rules: Practical Reasoning and Deontic Constraint*, Oxford University Press, USA, 2011.（瀧澤弘和訳『ルールに従う――社会科学の規範理論序説（叢書《制度を考える》)』NTT出版, 2013.）
Heidegger, M., *Sein und Zeit*. 1927,（桑木務訳『存在と時間』岩波文庫, 1960.）
平井伸治『小さくても勝てる――「砂丘の国」のポジティブ戦略』中公新書ラクレ, 2016.
――――『鳥取力――新型コロナに挑む小さな県の奮闘』中公新書ラクレ, 2021.

ひろゆき 竹中平蔵『ひろゆきと考える　竹中平蔵はなぜ嫌われるのか？』集英社, 2022.
堀江貴文『多動力』幻冬舎, 2017.
堀川恵子「書評：『人を動かすナラティブ』ひそかに思考操作　裏側」『読売新聞』2023.9.3. 10面.
Huntington, S.P., *The Clash of Civilizations and the Remaking of World Order*, Simon & Schuster, 1996.（鈴木主税訳『文明の衝突』集英社, 1997.）
池田賢市『学校で育むアナキズム』新泉社, 2023.
池田清彦『バカの災厄 頭が悪いとはどういうことか』宝島社新書, 2022.
稲増龍夫「メディア文化環境における新しい消費者」星野克美（編）『記号化社会の消費』ホルト・サウンダース, 1985.
井上達夫『ウクライナ戦争と向き合う――プーチンという「悪夢」の実相と教訓』信山社出版, 2022.
井上智洋『AI時代の新・ベーシックインカム論』光文社新書, 2018.
――――「五公五民の中負担・低福祉国家，お金はどこへ消えた？」『中央公論』2023年８月号, 中央公論新社. pp.12-13.
石田良「ドメイン投票方式･余命投票制度～意志集約方法の理論分析～」『財務総研リサーチペーパー』No.20. 財務総合政策研究所, 2020.6.9.
板橋拓己『分断の克服　1989-1990――統一ドイツをめぐる西ドイツ外交の挑戦』中公選書, 2022.
岩井克人『ヴェニスの商人の資本論』ちくま学芸文庫, 1992.
――――『貨幣論』ちくま学芸文庫, 1998.
岩田温『日本の再建を阻む人々』かや書房, 2022.
泉房穂『社会の変え方　日本の政治をあきらめていたすべての人へ（明石市長・泉房穂）』ライツ社, 2023.
Kahneman, D. & Amos Tversky, A., “Prospect Theory: An Analysis of Decision under Risk”, *Econometrica*, XLVII, 1979. 263-291.
Kahneman, D., *Thinking, Fast and Slow*, Penguin, 2012.（村井章子訳『ファスト&スロー あなたの意志はどのように決まるか？』上・下, ハヤカワ・ノンフィクション文庫, 2014.
上川陽子『かみかわ陽子 難問から、逃げない。』静岡新聞社, 2020.

金谷治訳注『新訂　孫子』岩波文庫, 2000.
金子勇『Winnyの技術』アスキー , 2005.
Kant, I., *Kritik der reinen Vernunft*, 1781.（篠田英雄訳『純粋理性批判』上・中・下, 岩波文庫, 1961-1962.）
加谷珪一『感じる経済学　コンビニでコーヒーが成功して，ドーナツがダメな理由』SBクリエイティブ, 2017.
――――『国民の底意地の悪さが，日本経済低迷の元凶』幻冬舎新書, 2022.
――――『スタグフレーション 生活を直撃する経済危機』祥伝社新書, 2022.
萱野稔人『孤高のことば』東京書籍, 2014.
――――『哲学はなぜ役に立つのか』サイゾー , 2015.
――――『リベラリズムの終わり その限界と未来』幻冬舎新書, 2019.
Khantzian, E.J., & Albanese, M.J., *Understanding Addiction as Self Medication*. Rowman & Littlefield Publishers, Inc. 2008.（松本俊彦訳『人はなぜ依存症になるのか――自己治療としてのアディクション』星和書店, 2013.）
小林盾『アクティブ・ラーニング入門　すぐ使える中学校からの17メソッド』ハーベスト社, 2016.
小林桜児『人を信じられない病――信頼障害としてのアディクション』日本評論社, 2016.
駒村康平・渡辺久里子『貧困の諸相』放送大学教育振興会, 2023.
河野太郎『日本を前に進める』PHP研究所, 2021.
九鬼周造『「いき」の構造』岩波文庫, 1979.
栗原康『アナキスト本を読む』新評論, 2020.
前田益尚『大学というメディア論――授業は，ライヴでなければ生き残れない』幻冬舎ルネッサンス新書, 2017.
――――『マス・コミュニケーション単純化の論理――テレビを視る時は直観リテラシーで』晃洋書房, 2018.
――――『パンク社会学――ここでしか言えない社会問題の即興解決法』晃洋書房, 2020.
――――『サバイバル原論――病める社会を生き抜く心理学』晃洋書房,

2021.
────『高齢者介護と福祉のけもの道──ある危機的な家族関係のエスノグラフィー』晃洋書房, 2022.
────『２度のがんにも！不死身の人文学──超病の倫理学から，伴病の宗教学をめぐって』晃洋書房, 2023.
Marçal, K., *Who Cooked Adam Smith's Dinner?: A Story about Women and Economics*. Portobello Books Ltd. 2016.（高橋璃子訳『アダム・スミスの夕食を作ったのは誰か?──これからの経済と女性の話』河出書房新社, 2021.
──── *Mother of Invention: How Good Ideas Get Ignored in an Economy Built for Men*, William Collins. 2021.（山本真麻訳『これまでの経済で無視されてきた数々のアイデアの話──イノベーションとジェンダー』河出書房新社, 2023.
Maslow, A.H., *Motivation and Personality*. Harper & Brothers 1954.（小口忠彦訳『人間性の心理学──モチベーションとパーソナリティ』産能大出版部；改訂新版, 1987.）
舛添要一『ヒトラーの正体』小学館新書, 2019.
松本清張『日本の黒い霧』文藝春秋, 1973.
松村真宏『仕掛学──人を動かすアイディアのつくり方』東洋経済新報社, 2016.
松下幸之助『「一日一話」仕事の知恵・人生の知恵』PHP研究所, 1999.
────『リーダーになる人に知っておいてほしいこと』PHP研究所, 2009.
Merleau-Ponty, M., *La Phenomenologie de la Perception*, Gallimard, 1945.（中島盛夫『知覚の現象学』法政大学出版局, 1982.）
三木清『人生論ノート』新潮文庫, 1978.
Mill, J.S., *Utilitarianism*. 4th ed. London: Longman, Green, Reader, and Dyer, 1871.（関口正司訳『功利主義』岩波文庫, 2021.）
Miller, C., *Chip War: The Fight for the World's Most Critical Technology*, Scribner, 2022.
Miller, W.R., Rollnick, S., *Motivational Interviewing SECOND EDITION Preparing People for Change*, The Guiford Press, 2002.（松島義博, 後藤

恵訳『動機づけ面接法 基礎・実践編』星和書店, 2007.）
三浦瑠麗『日本の分断——私たちの民主主義の未来について』文春新書, 2021.
守田英正『「ずる賢さ」という技術 日本人に足りないメンタリティ』幻冬舎, 2022.
村中璃子『パンデミックを終わりにするための新しい自由論』文藝春秋, 2023.
なだいなだ・吉岡隆『アルコール依存症は《治らない》の意味』中央法規出版, 2013.
永井圭介『世界一わかりやすい！インボイス』高橋書店, 2023.
中室牧子『「学力」の経済学』ディスカヴァー・トゥエンティワン, 2015.
中野雅至『公務員バッシングの研究——Sacrifice〈生け贄〉としての官』明石書店, 2013.
Nakamoto, S., *Bitcoin: A Peer-to-Peer Cash System*, www.bitcoin.co.jp. 2009.
難波功士『広告で社会学』弘文堂, 2018.
成田悠輔『22世紀の民主主義 選挙はアルゴリズムになり，政治家はネコになる』SB新書, 2022.
Nietzsche, F., *Der Wille zur Macht*. 1959.（原佑訳編『ニヒリズムの克服』人文書院, 1967.）
西部邁『経済倫理学序説』中央公論新社, 1983.
————『教育 不可能なれども』ダイヤモンド社, 2007.
西田亮介『17歳からの民主主義とメディアの授業 ぶっちゃけ，誰が国を動かしているのか教えてください』日本実業出版社, 2022.
似鳥昭雄・勝間和代「発達障害は才能です」『文藝春秋』2021年12月号, pp.256–261.
野口勝三「ポスト構造主義とクィア理論——反形而上学の潮流として」伏見憲明編『Queer Japan』3, 勁草書房, 2000.
野村修也『年金被害者を救え——消えた年金記録の救済策』岩波書店, 2009.
小幡績『アフター・バブル——近代資本主義は延命できるか』東洋経済新報社, 2020.
大谷翔平『不可能を可能にする 大谷翔平120の思考』ぴあ, 2017.

大藪春彦『蘇える金狼』（野望篇・完結篇）角川文庫, 1974.

大山健太郎『日経ビジネス経営教室 ロングセラーが会社をダメにする ヒット商品は消費者に聞け』日経BP, 2013.

大関真之・寺部雅能『量子コンピュータが変える未来』オーム社, 2019.

大空幸星『「死んでもいいけど，死んじゃダメ」と僕が言い続ける理由：あなたのいばしょは必ずあるから（14歳の世渡り術）』河出書房新社, 2022.

Parijs, P.V., & Vanderborght, Y., *Basic Income: A Radical Proposal for a Free Society and a Sane Economy*, Harvard University Press. 2017.（竹中平蔵監訳『ベーシック・インカム 自由な社会と健全な経済のためのラディカルな提案』クロス・メディア・パブリッシング, 2022.）

Piketty, T., *Le Capital au XXIe siècle*, Seuil, 2013.（山形浩生・守岡桜・森本正史訳『21世紀の資本』みすず書房, 2014.）

Polanyi, M., *The Tacit Dimension*, Doubleday, Garden City, N.Y., 1966.（佐藤敬三訳『暗黙知の次元——言語から非言語へ』紀伊國屋書店, 1980.）

Popper, K. R., *The Open Society and Its Enemies*, Princeton UP, 2020.（小河原誠訳『開かれた社会とその敵 プラトンの呪縛・下【第一巻】』岩波文庫, 2023.）

Porges, S. W., *The Pocket Guide to the Polyvagal Theory: The Transformative Power of Feeling Safe*, W W Norton & Co Inc. 2017.（花丘ちぐさ訳『ポリヴェーガル理論入門——心身に変革をおこす「安全」と「絆」』春秋社, 2018.）

Puett, M. & Gross-Lon, C., *The Path: What Chinese Philosophers Can Teach Us about the Good Life*.（熊谷淳子訳『ハーバードの人生が変わる東洋哲学——悩めるエリートを熱狂させた超人気講義』ハヤカワ・ノンフィクション文庫, 2018.）

Rawls, J.B., *A Theory of Justice*, Harvard University Press, 1971, revised ed., 1999.（川本隆史・福間聡・神島裕子訳『正義論』紀伊國屋書店, 2010.）

Roach, M., *The Prodigy: The Official Story —— Electronic Punks*（Music Press Books）. John Blake. 2010.

Russell, B., *Sceptical Essays*. London: George Allen & Unwin. 1928.（東宮隆

訳『懐疑論集』みすず書房, 1963.）
――――― *The Conquest of Happiness*, London: George Allen & Unwin. 1930.（安東貞雄訳『ラッセル幸福論』岩波文庫, 1991.）
プチ鹿島『お笑い公文書2022 こんな本に誰がした！プチ鹿島政治コラム集』文藝春秋, 2022
Rosa, H., *Beschleunigung: Die Veraenderung der Zeitstrukturen in der Moderne*, Suhrkamp Verlag AG; Neuauflage, Nachdruck. 2012.（出口剛司訳『加速する社会 近代における時間構造の変容』福村出版, 2022.）
境家史郎『戦後日本政治史――占領期から「ネオ55年体制」まで』中公新書, 2023.
坂村健「人間と対話する訓練に」大森不二雄「文章力や思考力に効く」山中司「使い分けが大事なのだ」ほか「『生成AI』で大学は進化する『未来の道具』を使いこなせ」『AERA』2023.7.10. 36(31). 朝日新聞出版. pp.10–15.
佐藤千矢子『オッサンの壁』講談社現代新書, 2022.
沢渡あまね・元山文菜『業務改善の問題地図～「で，どこから変える？」～進まない，続かない，だれトク改善ごっこ』技術評論社, 2020.
Schopenhauer, A., *Ueber die vierfache Wurzel des Satzes vom zureichenden Grunde*, 1813.（鎌田康男・齋藤智志・高橋陽一郎・臼木悦生 訳著『ショーペンハウアー哲学の再構築〈新装版〉「充足根拠律の四方向に分岐した根について」〈第一版〉訳解』法政大学出版局, 2000.）
――――― *Parerga und Paralipomena: Kleine Philosophische Schriften*, 1851.（斎藤忍随訳『読書について』岩波文庫, 1960.）
世耕弘成『プロフェッショナル広報戦略』ゴマブックス, 2005.
―――――『自民党改造プロジェクト650日』新潮社, 2006.
―――――「国の舵取りができる自負はあります」（編集長インタビュー）『月刊Hanada 2024年1月号』飛鳥新社, 2024. 1. 1. pp.74–83.
世耕弘成・櫻井よしこ「岸田総理を叱咤激励！総理、もっと言葉に情熱《パッション》を!!」『WiLL』1月号, ワック出版局, 2023.11.24.
世耕石弘『近大革命』産経新聞出版社, 2017.
先﨑彰容『国家の尊厳』新潮新書, 2021.

Simmel, G., *Soziologie: Untersuchungen über die Formen der Vergesellschaftung*, 1908.（居安正訳『社会学 社会化の諸形式についての研究』白水社, 1994.）
——— *Zur Philosopie des Schauspielers.*（北川東子編訳，鈴木直訳「俳優の哲学」『ジンメル・コレクション』ちくま学芸文庫, 1999.）
Smith, A., *An Inquiry into Nature and Causes of the Wealth of Nations*, in three volumes, the fifth edition, London: printed for A. Strahan; and T. Cadell, in the Strand, 1789.（大河内一男訳『国富論 II 』中公文庫, 1978.）
——— *The Theory of Moral Sentiments*, in two volumes, London: print for A. Strahan; and T. Cadell in the Strand, 1790.（高哲男訳『道徳感情論』講談社学術文庫, 2013.）
孫福弘・小島朋之・熊坂賢次（編著）『未来を創る大学——慶応義塾大学湘南藤沢キャンパス(SFC)挑戦の軌跡 』慶應義塾大学出版会, 2004.
Spinoza, B., *Korte Verhandeling van God, de mensch en deszelvs welstand*, 1660.（畠中尚志訳『神･人間及び人間の幸福に関する短論文』岩波文庫, 1955.）
——— *Tractatus Theologico-Politicus*, 1670.（畠中尚志訳『神学・政治論 上巻——聖書の批判と言論の自由』岩波文庫, 1944.および畠中尚志訳『神学・政治論 下巻——聖書の批判と言論の自由』岩波文庫, 2007.）
——— *Ethica*, 1677.（畠中尚志訳『エチカ——倫理学 上・下』岩波文庫, 1951.）
杉村太蔵『“投資”“副業” お金の基本がゼロからわかる 稼ぎ方革命』KADOKAWA, 2021.
ジェームズ・スキナー『AIが書いたAIについての本』フローラル出版, 2023.
鈴木謙介『未来を生きるスキル』角川新書, 2019.
高橋杉雄『日本で軍事を語るということ——軍事分析入門』中央公論新社, 2023.
高市早苗『美しく，強く，成長する国へ。私の「日本経済強靭化計画」』WAC, 2021.
高木彬光『白昼の死角』角川文庫, 1976.

高松康平『筋の良い仮説を生む問題解決の「地図」と「武器」』朝日新聞出版, 2020.
たかまつなな『政治の本　新版――学校で教えてくれない選挙の話』弘文堂, 2019.
竹村健一『日本の常識は世界の非常識!?――竹村健一VS外国特派員』ダイヤモンド社, 1977.
竹中平蔵, たかまつなな『ニッポンのカラクリ！』ビジネス社, 2022.
竹内一正『TECHNOKING　イーロン・マスク　奇跡を呼び込む高速経営』朝日新聞社, 2021.
滝田洋一『コロナクライシス』(日経プレミアシリーズ) 日本経済新聞出版, 2020.
玉木雄一郎『# 日本ヤバイ』文藝春秋, 2019.
――――『令和ニッポン改造論』毎日新聞社出版, 2019.
田中角栄『復刻版 日本列島改造論』日刊工業新聞社, 2023.
田中紀子『祖父・父・夫がギャンブル依存症！三代目ギャン妻の物語』高文研, 2015.
Thaler, R.H. & Sunstein,C.R., *Nudge: Improving Decisions About Health, Wealth, and Happiness*. Penguin Books. 2009.（遠藤真美訳『NUDGE 実践 行動経済学 完全版』日経BP. 2022.）
徳田英幸・村井純・千代倉弘明・金子郁容（編著）『コラボレーション!――SFCという「融合の現場」』慶應義塾大学出版会, 2007.
富田勝『脱優等生のススメ』ハヤカワ新書, 2023.
冨山和彦『選択と捨象――「会社10年」時代の企業進化論』朝日新聞出版, 2015.
牛島信『少数株主』幻冬舎文庫, 2018.
Veblen, T., *The Theory of the Leisure Class: An Economic Study in the Evolution of Institutions*, Macmillan, 1899.（高哲男訳『有閑階級の理論: 附論経済学はなぜ進化論的科学でないのか』講談社学術文庫, 2015.
鷲田清一『じぶん・この不思議な存在』講談社現代新書, 1996.
――――『「待つ」ということ』角川選書, 2006.
渡辺努『物価とは何か』講談社選書メチエ, 2022.

――――『世界インフレの謎』講談社現代新書, 2022.
Whitman, J.Q., *HITLER'S AMERICAN MODEL The United States and the Making of Nazi Race Law*, Princeton University Press, 2017.（西川美樹訳『ヒトラーのモデルはアメリカだった 法システムによる「純血の追求」』みすず書房, 2018.
八代尚宏『日本的雇用・セーフティーネットの規制緩和』日本経済新聞出版, 2020.
養老孟司・池田清彦『年寄りは本気だ』新潮社, 2022.
吉田精次・ASK（アルコール薬物問題全国市民協会）『アルコール・薬物・ギャンブルで悩む家族のための7つの対処法――CRAFT』アスク・ヒューマンケア, 2014.
吉本隆明『共同幻想論』河出書房新社, 1968.

〈附論〉
阿部公彦『詩的思考のめざめ 心と言葉にほんとうに起きていること』東京大学出版会, 2016.
東浩紀『弱いつながり 検索ワードを探す旅』幻冬舎, 2014.
――――『ゲンロン0 観光客の哲学』株式会社ゲンロン, 2017.
Baudrillard, J., *La société de consummation*. Editions Denoël. 1970.（今村仁司・塚原史訳『消費社会の神話と構造』紀伊國屋書店, 1979.）
Blumler, J.G., *The Role of Theory in Uses and Gratifications Studies*, Communication Reseach 6, pp.9-36. 1979.
チームドラゴン桜『なぜか結果を出す人が勉強以前にやっていること』東洋経済新報社, 2023.
Darwin, C.R., *On the Origin of Species by Means of Natural Selection, or the Preservation of Favoured Races in the Struggle for Life*, John Murray, 1859.（八杉龍一編訳『種の起原』〈上・下〉岩波文庫, 1990.）
Dawkins, C,R., *The Selfish Gene*, Oxford University Press, 1991.（日高隆敏他訳『利己的な遺伝子』紀伊國屋書店, 1992.）
藤竹暁『テレビメディアの社会力 マジックボックスを解読する』有斐閣選書, 1985.

福井しほ「その『知らんけど』，間違ってます！関西人がモヤつくホントの理由」『AERA』2023年2/27増大号, 朝日新聞出版, 2023.
古舘恒介『エネルギーをめぐる旅――文明の歴史と私たちの未来』英治出版, 2021.
亀淵昭信『秘伝オールナイトニッポン：奇跡のオンエアはなぜ生まれたか』小学館新書, 2023.
早川善次郎・中野収（共編）『マスコミが事件をつくる 情報イベントの時代』有斐閣選書, 1981.
橋下徹『折れない心 人間関係に悩まない生き方』PHP新書, 2023.
日野啓三『都市という新しい自然』読売新聞, 1988.
廣末登『テキヤの掟 祭りを担った文化，組織，慣習』角川新書, 2023.
Hooton, C., *Social media echo chambers gifted Donald Trump the presidency*. INDEPENDENT. UK. 2016.11.10. 14:04.
堀川恵子「書評：『人を動かすナラティブ』ひそかに思考操作　裏側」『読売新聞』2023.9.3. 10面.
細野秀雄「あすへの考【日の丸材料の未来】学問は社会貢献してこそ」『読売新聞』2023.7.30. 6 面.
市川沙央『ハンチバック』文藝春秋, 2023.
稲垣えみ子『寂しい生活』東洋経済新報社, 2017.
稲増一憲・三浦麻子「マスメディアへの信頼の測定におけるワーディングの影響：大規模社会調査データとWeb調査実験を用いて」『社会心理学研究』34(1), 日本社会心理学会, 2018.
稲増龍夫「メディア文化環境における新しい消費者」星野克美編『記号化社会の消費』ホルト・サウンダース, 1985.
井上章一『海の向こうでニッポンは』平凡社新書, 2023.
岩本一善「『擬似環境論』再考」『神戸山手女子短期大学環境文化研究所紀要』3, 1999. pp.9-18.
――――「2016年以降のアメリカ合衆国の事例を中心とした『ポスト・トゥルース』的状況に関する概況――情報の平準化とオーセンティシィティの衰退」『大和大学社会学部 研究紀要』1, 2022. pp.73-82.
Kant, I., *Kritik der reinen Vernunft*, 1781.（篠田英雄訳『純粋理性批判』上・中・

下，岩波文庫, 1961-1962.)
加藤秀俊『マス・コミュニケイション』大日本雄弁会講談社, 1957.
河岡義裕・河合香織『新型コロナウイルスを制圧する ウイルス学教授が説く，その「正体」』文藝春秋, 2020.
Keynes, J. M., *A Treatise on Probability*, London: Macmillan and Co. 1921.
Knight, F. H., *Risk, Uncertainty, and Profit*, New York: Houghton, Mifflin. 1921.
小林盾『ライフスタイルの社会学――データから見る日本社会の多様な格差』東京大学出版会, 2017.
小林武彦『生物はなぜ死ぬのか』講談社現代新書, 2021.
九鬼周造『偶然性の問題』岩波文庫, 2012.
Lippmann, W., *Public Opinion*, New York: Harcourt, Brace and Company. 1922.（掛川トミ子訳『世論』上・下 岩波文庫, 1987.）
前田益尚『マス・コミュニケーション単純化の論理――テレビを視る時は，直観リテラシーで』晃洋書房, 2018.
――――『脱アルコールの哲学――理屈でデザインする酒のない人生』晃洋書房, 2019.
――――『パンク社会学――ここでしか言えない社会問題の即興解決法』晃洋書房, 2020.
――――『サバイバル原論――病める社会を生き抜く心理学』晃洋書房, 2021.
――――『高齢者介護と福祉のけもの道――ある危機的な家族関係のエスノグラフィー』晃洋書房, 2022.
――――『２度のがんにも！不死身の人文学――超病の倫理学から，伴病の宗教学をめぐって』晃洋書房, 2023.
McFadden, J., *Life Is Simple: How Occam's Razor Set Science Free and Shapes the Universe*, Basic Books, 2021.（水谷淳訳『世界はシンプルなほど正しい 「オッカムの剃刀」はいかに今日の科学をつくったか』光文社, 2023.）
Mill, J.S., *Utilitarianism*. 4th ed. London: Longman, Green, Reader, and Dyer, 1871.（関口正司訳『功利主義』岩波文庫, 2021.）

三浦麻子・小林哲郎「オンライン調査モニタのSatisficeに関する実験的研究」『社会心理学研究』31(1), 日本社会心理学会, 2015.

宮坂力『大発見の舞台裏で！——ペロブスカイト太陽電池誕生秘話』さくら舎, 2023.

毛利嘉孝『ストリートの思想 転換期としての1990年代』NHKブックス, 2009.

Morin, E., *Leçons d'un siècle de vie*, Denoël, 2021.（澤田直訳『百歳の哲学者が語る人生のこと』河出書房新社, 2022.）

中野信子『努力不要論——脳科学が解く！「がんばってるのに報われない」と思ったら読む本』フォレスト出版, 2014.

————『脳を整える 感情に振り回されない生き方』プレジデント, 2021.

中野収『コミュニケーションの記号論——情報環境と新しい人間像』有斐閣, 1984

新渡戸稲造『[新訳]一日一言「武士道」を貫いて生きるための366の格言集』PHP研究所, 2016.

野口勝三「ポスト構造主義とクィア理論——反形而上学の潮流として」伏見憲明編『Queer Japan』3, 勁草書房, 2000.

O'Connor, M.R., *Resurrection Science: Conservation, De-extinction and the Precarious Future of Wild Things*. St Martins Pr. 2015.（大下英津子訳『絶滅できない動物たち 自然と科学の間で繰り広げられる大いなるジレンマ』ダイヤモンド社, 2018.）

大崎洋『居場所。』サンマーク出版, 2023.

Puett, M. & Gross-Lon, C., *The Path: What Chinese Philosophers Can Teach Us about the Good Life*.（熊谷淳子訳『ハーバードの人生が変わる東洋哲学: 悩めるエリートを熱狂させた超人気講義』ハヤカワ・ノンフィクション文庫, 2018.）

Putnam, H.W., *Reason, Tryth, and Hitory*, chapter1, pp.1–21. Cambridge University Press, 1982.

Rifkin, J., *Entropy: Into the Greenhouse World*, Bantam. 1981.（竹内均訳『エントロピーの法則——21世紀文明観の基礎』祥伝社, 1982.）

Russell, B., *Sceptical Essays*, London: George Allen & Unwin. 1928.（東宮隆

訳『懐疑論集』みすず書房, 1963.）
——— *The Conquest of Happiness*, London: George Allen & Unwin. 1930.（安東貞雄訳『ラッセル幸福論』岩波文庫, 1991.）
坂村健「人間と対話する訓練に」大森不二雄「文章力や思考力に効く」山中司「使い分けが大事なのだ」ほか「『生成AI』で大学は進化する『未来の道具』を使いこなせ」『AERA』2023.7.10. 36(31), 朝日新聞出版. pp.10–15.
Sandel, M.J., *Justice with Michael Sandel and Special Lecture in Tokyo University*. 2010.（NHK「ハーバード白熱教室」制作チーム・小林正弥・杉田晶子訳『ハーバード白熱教室講義録＋東大特別授業』（上・下）ハヤカワ・ノンフィクション文庫, 2012.
Sandel, M.J. & Kobayashi, M., *The Art of Dialogical Lecture of Michael Sandel*. 2011.（マイケル・サンデル　木林正弥『サンデル教授の対話術』NHK出版, 2011.）
佐藤卓己『増補 大衆宣伝の神話：マルクスからヒトラーへのメディア史』ちくま学芸文庫, 2014.
澤田純『パラコンシステント・ワールド——次世代通信IOWNと描く，生命とITの〈あいだ〉』NTT出版, 2021.
世耕石弘『近大革命』産経新聞出版社, 2017.
ジェームズ・スキナー『AIが書いたAIについての本』フローラル出版, 2023.
鈴木正彦・末光隆志『「利他」の生物学——適者生存を超える進化のドラマ』中公新書, 2023.
平和博『チャットGPTvs.人類』文春新書, 2023.
武田邦彦『環境問題はなぜウソがまかり通るのか２』洋泉社, 2007.
竹村健一『メディアの軽業師たち　マクルーハンで読み解く現代社会』ビジネス社, 2002.
谷山洋三『医療者と宗教者のためのスピリチュアルケア——臨床宗教師の視点から』中外医学社, 2016.
富田勝『脱優等生のススメ』ハヤカワ新書, 2023.
Vince, G., *Nomad Century: How to Survive the Climate Upheaval*, Allen Lane, 2022.（小坂恵理訳『気候崩壊後の人類大移動』河出書房新社, 2023.）

Wachtel, P.L., *Therapeutic Communication, Second Edition: Knowing What to Say When*, Guilford Press, 2013.（杉原保史訳『心理療法家の言葉の技術［第２版］――治療的コミュニケーションを開く』金剛出版, 2014.）
和田秀樹『どうせ死ぬんだから 好きなことだけやって寿命を使いきる』SBクリエイティブ, 2023.
Williams, G.C., *Adaptation and Natural Selection*. Princeton, NJ:Princeton University Press, 1966.
矢萩邦彦『自分で考える力を鍛える 正解のない教室』朝日新聞出版, 2023.
山本明『反マジメの精神　大衆文化のドキュメント』毎日新聞社, 1969.
山本七平『「空気」の研究』文春文庫, 1983.

参考番組（視聴日順）

上岡龍太郎, 島田紳助『EXテレビ』（1990.4. ～ 1994.4. 火木23:55 ～ 0:55.）
野坂昭如, 大島渚, 舛添要一, 筒井信隆, 辻元清美, 小峰隆夫ほか, 田原総一朗（MC）「緊急激論！土井辞任!! ド～なる社会党!?」『朝まで生テレビ』テレビ朝日, 1991.6.29. 1:00 ～ 6:00.
世耕弘成, 神田慶司, 松永伸也（ゲスト）「新型コロナで経済打撃　長期化で16兆円超損失政治がとるべき支援策」『プライムニュース』BSフジ, 2020.3.16. 20:00 ～ 22:00
橋下徹, 先崎彰容, 前嶋和宏（ゲスト）「民主主義と選挙 学術会議問題と管答弁」『プライムニュース』BSフジ, 2020.11.9. 20:00 ～ 22:00.
藤田文武（中継）, 橋下徹, 宮根誠司『LIVE選挙サンデー』フジテレビ, 2021.10.31. 19:58 ～ 25:55.
世耕弘成（ゲスト）「ウクライナ侵略で誘発！日本の『エネルギー危機』」『報道ライブ インサイドOUT』BS11, 2022.4.14. 20:59 ～ 21:54.
鈴木哲夫, 橋下徹, 田村淳, 大空幸星, ほか（ゲスト）, 馬場伸幸（インタビュー）, 神崎博（関西テレビの解説）, 宮根誠司（前半MC）『LIVE 選挙サンデー 2022』フジテレビ, 2022.7.10. 19:58 ～ 25:55.
先崎彰容, 河野克俊（ゲスト）「安倍元首相が成し遂げた安全保障法制. 信念やめざした国家観とは？」『深層NEWS』BS日テレ, 2022.7.13. 22:00

〜 23:00.
和田秀樹「〝幸齢者〟で明るい希望を 幸せな老後へ『80歳の壁』」若新雄純ほか（ゲスト）『大下容子ワイド！スクランブル』テレビ朝日, 2022.7.14. 10:25 〜 13:00.
ジョセフ・ヒース, クエンティン・タランティーノほか「アメリカ　不信の2000s」『世界サブカルチャー史 欲望の系譜』NHK BSプレミアム, 2022.7.23. 22:30 〜 23:59.
辛坊治郎, 竹中平蔵, 古舘伊知郎, 萱野稔人, 竹田恒泰, 出口保行, 丸田佳奈, 山口もえ（パネリスト）, 黒木千晶, 野村明大（司会）「日本はこのままで良いのか!?性善説VS性悪説」『そこまで言って委員会NP』読売テレビ, 2022.7.31. 13:30 〜 15:00.
SPACE WARS, ARTE Frane/ La Compagnie des Taxi-Broussard, 2022.（「スペース・ウォーズ　宇宙空間　軍拡競争の現実」『BS世界のドキュメンタリー』NHK BS1, 2022.8.7. 20:00 〜 20:50.
たかまつなな, 井上信治, 階猛, 乾正人, 佐藤千矢子, 神保哲生, 田崎史郎, 藤川みな代ほか, 田原総一朗（MC）「激論！ジャーナリスト大集合！これでいいのか!?日本の政治」『朝まで生テレビ』テレビ朝日, 2022.10.22. 1:25 〜 4:25.
小野田紀美, 畑山博史, 林久美子, 藤本淳史, デビッド・ホセイン（文化人）, ブラックマヨネーズ（MC）「多発する幼児事故」『ブラマヨ弾話室』BSフジ, 2022.11.20. 22:30 〜 23:00.
橋下徹（レギュラーコメンテーター）「“第８波”への警戒」『日曜報道THE PRIME』フジテレビ, 2022.11.27. 7:30 〜 8:55.
小野田紀美, 畑山博史, 林久美子, 藤本淳史, デビッド・ホセイン（文化人）, ブラックマヨネーズ（MC）「やりっ放しで反省のない政策が心配」『ブラマヨ弾話室』BSフジ, 2022.11.27. 22:30 〜 23:00.
萱野稔人, 村田昭嗣, 大野裕之, 竹田恒泰, 須田慎一郎, 丸田佳奈, 山口もえ, 安藤優子（コメンテーター）, 宮沢孝幸（ゲスト）, 黒木千晶, 野村明大（司会）「ニュース哲学 死刑制度から新型コロナ 宗教団体から反社まで 独自の哲学で徹底討論」『そこまで言って委員会NP』読売テレビ, 2022.12.4. 13:30 〜 15:00.

「プーチン　知られざるガス戦略～徹底検証 20年の攻防～」『BS1スペシャル』NHK BS1, 2022.12.25. 22:00 ～ 23:50.

有働由美子，落合陽一（コメンテーター）「スポーツ選手と研究者に共通する成果について」『news zero』日本テレビ, 2022.12.27. 23:00 ～ 23:59.

田村淳，カンニング竹山，プチ鹿島，田崎史郎，細川隆三（ゲスト）年末特番「あなたの知らない政治の裏側2022」「鈴木哲夫の永田町ショータイム」『報道ライブ インサイドOUT』BS11, 2022.12.31. 12:00 ～ 14:00.

デービッド・アトキンソン，小幡績，三浦瑠麗，たかまつなな，藤井聡，小林慶一郎，片山さつき，小川淳也，駒崎弘樹，田内学，森永卓郎，藤川みな代ほか, 田原総一朗（MC）「激論！ド～する!?日本の再興2023」『朝まで生テレビ』テレビ朝日, 2023.1.1. 1:45 ～ 5:50.

渡辺努，小幡績，ダニー・ドーリング（ほか）『欲望の資本主義2023 逆転のトライアングルに賭ける時』NHK BS1, 2023.1.1. 22:00 ～ 23:50.

森岡毅，林修「悩み『日本のエンタメが心配』日本の勝ち筋が見える／ USJを再建した最強マーケター森岡毅×林修」『日曜日の初耳学』TBS, 2023.1.8. 22:25 ～ 23:19.

山中伸弥，武部貴則，いとうせいう，ほか「山中伸弥スペシャル iPS細胞と生命」『ヒューマニエンスQ（クエスト）』NHK総合テレビ, 2023.1.9. 23:00 ～ 23:30.

デービッド・アトキンソン，伊藤達也，真田幸光（ゲスト）「アトキンソン×真田が“賃上げ”実現に異議　伊藤元金融相が生直言」『プライムニュース』BSフジ，2023.1.20. 22:00 ～ 22:00.

成田悠輔「成田悠輔氏と考える持続可能な『生き方』『働き方』」『SDGsが考えるミライ～小谷真生子』BSテレ東, 2023.1.20. 21:00 ～ 22:24.

世耕弘成，福山哲郎，田崎史郎，久江雅彦（ゲスト）「防衛費＆少子化対策増税か国債か財源論は　与野党幹部VS田崎＆久江」『プライムニュース』BSフジ，2023.1.23 22:00 ～ 22:00.

萱野稔人，村田昭嗣，竹田恒泰，豊田真由子，山口真由，RaMu，宮家邦彦，竹中平蔵（コメンテーター），宮沢孝幸，多賀幹子，サニー・フランシス（ゲスト），黒木千晶，野村明大（司会）「新たなる脅威」「“守る”という正義」「究極の社会保障とは!?」『そこまで言って委員会NP』読売

テレビ, 2023.2.12. 13:30 ～ 15:00.
伊吹文明，八代尚宏，加谷珪一（ゲスト）「国民負担率増加“５公５民”国の召し上げ江戸時代並み」『プライムニュース』BSフジ, 2023.3.3. 20:00 ～ 21:55.
世耕弘成，田名部匡代，東徹，西田実仁，井上哲士，川合孝典，長谷川ういこ「原発の“最大限活用”エネルギー政策は」「金融緩和10年 アベノミクスの評価は」など『日曜討論』NHK総合テレビ, 2023.3.5. 9:00 ～ 10:00.
「『伊藤忠』驚きの戦略」『カンブリア宮殿』テレビ東京, 2023.3.9. 23:09 ～ 23:55.
横山秀夫，保阪正康，みうらじゅん（コメンテーター）『松本清張と日本の黒い霧　未解決ミステリー』NHK BSプレミアム, 2023.3.25. 16:05 ～ 17:00.
大関真之「量子コンピュータのミカタ：国産初の量子コンピュータが完成！未来や社会が大きく変わるきっかけに⁉約110兆円規模の価値を生み出すとも⁉そもそも世界でも開発競争が激化している量子コンピュータって何？何がどう便利になる？」東野幸治（MC）『正義のミカタ』ABCテレビ, 2023.4.1. 9:30 ～ 11:00.
スティーブン・ピンカー，カレン・ウィン，イアン・モリス，マヌエル・アイズナー，リラ・ハント，キャロライン・ロバーツ，フィリップ・ドワイヤーほか『暴力の人類史“悪魔”の誘惑と戦う』（再）NHK BS1, 2023.4.1. 21:00 ～ 21:50.
井上達夫，先﨑彰容「井上達夫&先﨑彰容の“国家論”と平和憲法　多極化の世界で日本は」『プライムニュース』BSフジ, 2023.4.3. 20:00 ～ 21:55.
平井卓也，玉木雄一郎（ゲスト）橋下徹「『生成AI』は活用すべきか規制すべきか？揺れる教育現場、対応割れる役所の実情は？意外にも？日本版AIに光明…その強みとは」『日曜報道 THE PRIME』フジテレビ, 2023.4.30. 7:30 ～ 8:25.
長谷川英祐，森田理仁（ゲスト）「歴代政権が30年以上も対策を打ちながら止まらない『日本の少子化』．その真因をヒトの進化や繁殖本能の変化

など，生物学の観点から深掘りする.」『プライムニュース』BSフジ，2023.5.5. 20:00 〜 21:55.
ジェームズ・スキナー（ゲスト）竹田恒泰，豊田真由子，石川和男，RaMu，岡部芳彦，大野裕之，竹中平蔵，古舘伊知郎（パネリスト）「そこまで言って委員会vs ChatGPT 絶対に負けられない戦いがそこにある」『そこまで言って委員会NP』読売テレビ,2023.5.14. 13:30 〜 15:00.
畑山博史，足立基浩，林久美子，藤本淳史，デビッド・ホセイン（文化人）「110番・119番の不適正利用」『ブラマヨ弾話室〜ニッポン，どうかしてるぜ！〜』BSフジ，2023.5.14. 22:30 〜 23:00.
木内登英，加谷珪一（ゲスト）「波紋広がる米債務上限問題　日本経済に明るい兆しは？」『報道ライブ インサイドOUT』BS11，2023.6.1. 21:00 〜 21:54.
有働由美子，落合陽一（コメンテーター）「【サーフィン】松田詩野・パリ五輪・日本代表内定第１号」『news zero』日本テレビ，2023.6.6. 23:00 〜 23:59.
松尾豊（ゲスト）「“ChatGTP” 徹底解剖！ AIと歩む未来を探る」『サイエンスZERO』NHK Eテレ，2023.6.11. 23:30 〜 0:00.
森岡毅「レジャーでニッポンを元気に！〜客を呼ぶプロ集団『刀』の野望〜」『ガイアの夜明け』テレビ東京，2023.6.16. 22:00 〜 22:54.
橋下徹「日本株バブル後最高値！『失われた30年の転換点』指摘も本当の景気回復実感は？眠る“タンス預金”で資産運用立国へ？」『日曜報道THE PRIME』フジテレビ，2023.6.18. 7:30 〜 8:55.
橋下徹，杉村太蔵（ゲスト）「株価高騰の日本を橋下解説」『今田耕司のネタバレMTG』読売テレビ，2023.7.1. 11:55 〜 12:53.
竹内裕子，松井広（解説）「“生体電気” 電気仕掛けのココロとカラダ」『ヒューマニエンス』NHK BSプレミアム，2023.7.4. 22:00 〜 22:59.
平井卓也，庄司昌彦，加谷珪一（ゲスト）堤伸輔（解説）「問題続出マイナンバー，原因は人為ミスだけ？医療現場の抱く懸念は▽番号だけでカード不要……デジタル化進む韓国は」『報道1930』BS-TBS，2023.7.20. 19:30 〜 20:54.
町山智浩「ナバホ族の聖地モニュメント・バレーとハリウッド」『町山智浩

のアメリカの今を知るＴＶ In Association With CNN』BS朝日, 2023.7.27. 22:30 ～ 22:54.
橋本五郎（コメンテーター）「処理水めぐる中国の思惑」『ウェークアップ』読売テレビ, 2023.7.29. 8:00 ～ 9:25.
ジョセフ・スティグリッツ, 安田洋祐『欲望の資本主義 2023夏 特別編 スティグリッツからの挑戦状』NHK BS1, 2023.7.30. 21:50 ～ 22:40.
町山智浩「アメリカ国内の独立国ナバホ・ネイションの現実」『町山智浩のアメリカの今を知るＴＶ In Association With CNN』BS朝日, 2023.8.3. 22:30 ～ 22:54.
町山智浩「米国最大のネイティブ・アメリカン居留地“ナバホ・ネイション”の旅・完結篇」『町山智浩のアメリカの今を知るＴＶ In Association With CNN』BS朝日, 2023.8.17. 22:30 ～ 22:54.
竹田恒泰，門田隆将，石川和男，田島陽子，山口もえ，須田甚一郎，小松正之，山田吉彦，辛坊治郎（パネリスト）「日本の海にまつわる様々な問題について、“海の男”とおなじみ委員会のメンバーが、徹底討論！」『そこまで言って委員会NP』読売テレビ,2023.8.20. 13:30 ～ 15:00.
橋下徹，杉村太蔵，若新雄純，島崎和歌子ほか（ゲスト）「〈特別企画〉日本の景気を上げるには？大提言SP」『今田耕司のネタバレMTG』読売テレビ, 2023.8.26. 11:55 ～ 12:53.
古市憲寿ほか, 加谷珪一（解説）「ガソリン代高騰の原因と生活への影響は？」『中居正広のキャスターな会』テレビ朝日, 2023.8.26. 12:00 ～ 13:26.
野村修也ほか（ゲスト）「処理水放出始まる」『サンデー LIVE!!』テレビ朝日, 2023.8.27. 5:50 ～ 8:30.
河野太郎（ゲスト）橋下徹「マイナンバーカードの今後」『日曜報道 THE PRIME』フジテレビ, 2023.8.27. 7:30 ～ 8:25.
若杉雄純ほか（コメンテーター）「女子高生が街づくり・・・鯖江市JK課の10年」『大下容子ワイド！スクランブル』テレビ朝日, 2023.8.31. 10:25 ～ 13:00.
高橋洋一「中国の禁輸措置に対して簡単な方法で日本は救える（日本産『水産物』は日本人が買え！）」東野幸治（MC）『正義のミカタ』ABCテレビ, 2023.9.2. 9:30 ～ 11:00.

高岡達之，杉村太蔵，小藪一豊，山之内すずほか「原発処理水で中国猛反発 日本が取るべき対応は？」『今田のネタバレMTG』読売テレビ, 2023.9.2. 1155 ～ 12:53.
滝田洋一（解説）「G20異例の“初日採択”インドと中国 存在感で明暗」『WBS（ワールドビジネスサテライト）』テレビ東京, 2023.9.11. 22:00 ～ 22:58.
星野佳路（ゲスト）「日本の観光業の行方 星野リゾート代表が見据える未来予想図とは」『news おかえり』ABCテレビ, 2023.9.14. 15:45 ～ 17:50.
入山章栄，富田敦彦，ローレンス・M・ボール，マーク・T・ウィリアムス，ロザリンド・ウィギンス「リーマン・ブラザーズ 破綻」『エラー　失敗の法則』NHK BSプレミアム, 2023.9.15. 22:00 ～ 22:45.
永井圭介，須田慎一郎（ゲスト）「10月から始まるインボイス制度　準備のポイントは」『報道ライブインサイドOUT』BS11, 2023.9.28. 21:00 ～ 21:54.
藤井聡ほか（コメンテーター）「京都のオーバーツーリズム解消へ カギは分散」『ニュースランナー』関西テレビ, 2023.10.6. 16:45 ～ 17:48.
中野雅至ほか（コメンテーター），沼田正彦（ゲスト）「新NISA 専門家のおすすめポイント」『よんちゃんTV』毎日放送, 2023.10.9. 15:40 ～ 17:20.
田村正之（日本経済新聞），堀本義雄（金融庁）「新NISA 導入まで3カ月 国が掲げる『投資を身近に』」『マネーの学び』BSテレ東, 2023.10.9. 22:00 ～ 22:55.
柴山昌彦，玉木雄一郎，小川淳也，岩谷良平，谷合正明，山添拓，たがや亮，神保哲生，田崎史郎，たかまつなな，藤川みな代（パネリスト），田原総一朗（司会）「与野党大激論！これでいいのか?!日本の政治」『朝まで生テレビ』テレビ朝日, 2023.10.21. 1:34 ～ 4:25.
冨山和彦，首藤若菜，古屋星斗（出演）「超・人手不足時代～危機を乗り越える」『NHKスペシャル』NHK総合1, 2023.10.21. 22:00 ～ 22:50.
「謎の天才『サトシ・ナカモト』」『市民X』NHK総合, 2023.11.13. 22:00 ～ 22:45.

〈附論〉

横光克彦，前田益尚ほか「カラスと呼ばれた女」『特捜最前線』第328話 テ

レビ朝日, 1983.9.7. 22:00 〜 22:54.
Backlight: Seeing is Believing. VPRO, Nederland. 2021.（「ディープフェイク 進化するAI技術の光と影」『ドキュランドへようこそ』NHK Eテレ, 2022.6.17. 23:00 〜 23:45.）
島田雅彦（ゲスト），吉田成朗，中野萌士，竹村眞一（解説）「“バーチャル” 無いものをあると思える力」『ヒューマニエンス』NHK BSプレミアム, 2022.8.2. 22:00 〜 22:59.
「超･進化論（1）『植物からのメッセージ〜地球を彩る驚異の世界〜』」『NHKスペシャル』NHK総合1, 2022.11.6. 21:00 〜 21:50.
鴻上尚史（ゲスト），掛谷秀昭，マイケル･ハフマン，早川卓志（解説）「“毒と薬” その攻防が進化を生む」『ヒューマニエンス』NHK BSプレミアム, 2023.1.31. 22:00 〜 22:59.
平井卓也，玉木雄一郎（ゲスト）橋下徹「『生成AI』は活用すべきか規制すべきか？揺れる教育現場，対応割れる役所の実情は？意外にも？日本版AIに光明…その強みとは」『日曜報道 THE PRIME』フジテレビ, 2023.4.30. 7:30 〜 8:25.
ジェームズ・スキナー（ゲスト）竹田恒泰，豊田真由子，石川和男，RaMu，岡部芳彦，大野裕之，竹中平蔵，古舘伊知郎（パネリスト）「そこまで言って委員会vs ChatGPT 絶対に負けられない戦いがそこにある」『そこまで言って委員会NP』読売テレビ, 2023.5.14. 13:30 〜 15:00.
畑山博史, 足立基浩, 林久美子, 藤本淳史, デビッド･ホセイン（文化人）「110番･119番の不適正利用」『ブラマヨ弾話室〜ニッポン, どうかしてるぜ！〜』BSフジ, 2023.5.14. 22:30 〜 23:00.
山岸明彦, 渋谷岳造, 熊谷朝臣（解説）「“CO2” 見えざる生命の創造者」『ヒューマニエンス』NHK BSプレミアム, 2023.5.23. 22:00 〜 22:59.
中野信子，古館恒介，斎藤幸平，橋本淳司（専門家）「人類永遠の課題・環境問題を『エネルギー』と『水』から考える！」『長嶋一茂のミライアカデミア〜これからを生き抜くための特別授業〜』BS朝日, 2023.7.30. 21:00 〜 23:00.
市川沙央「〝怒りの作家〟の生き方」『Mr.サンデー』フジテレビ, 2023.8.27. 22:00 〜 23:15.

六角精児，春風亭昇太ほか（ゲスト）「『タイムアウト』が選出する世界で最もクールな街，第２位だった下北沢を探訪！」『〜日本全国〜桂宮治の街ノミネート』BSフジ 2023.9.7. 22:00 〜 22:55.
山中伸弥，斎藤通紀，古関明彦，谷口秀樹，武部貴則ほか「山中伸弥スペシャル iPS細胞と私たち」（再）『ヒューマニエンス』NHK BSプレミアム，2023.9.12. 15:04 〜 16:33.
Marty & Doc: The Inside Story of a Phenomenon, ARTE France／CAPA Presse, 2022.（「バック・トゥ・ザ・フューチャー：あせない魅力の裏側」『BS世界のドキュメンタリー』NHK BS1, 2023.9.25. 23:20 〜 0:10.
竹中平蔵，須田慎一郎，宮家邦彦，古館伊知郎，竹田恒泰，中村竜太郎，石川和男，丸田佳奈（パネリスト）宮沢孝幸（ゲスト）「ジャニーズは？コロナは？再建と再生を徹底討論！」『そこまで言って委員会NP』読売テレビ, 2023.10.8. 13:30 〜 15:00.

参考映画（映像）

Hill, G,R., *The Sting*. Universal Picthures, 1973.（日本公開：ジョージ・ロイ・ヒル監督『スティング』1974.）
Scott, R., *Blade Runner*, Warner Bros, 1982.（日本公開：リドリー・スコット監督『ブレードランナー』1982.）
Niccol, A., *Lord of War*. Liosgate, 2005.（日本公開：アンドリュー・ニコル監督『ロード・オブ・ウォー』2005.）
The Prodigy., *Invaders Must Die*. Take Me to Hospital. 2009.（日本版DVD：ビクターエンタテインメント, 2009.）
——— *LIVE Worlds on Fire*. Take Me to Hospital. 2010.（日本版DVD：ビクターエンタテインメント, 2010.）
是枝裕和監督『万引き家族』フジテレビジョン, 2018.

〈附論〉

Russell, K., *Altered states*. Warner Bros.Entertainment Inc. 1979.（日本公開：ケン・ラッセル監督『アルタード・ステーツ／未知への挑戦』1981.）

『【バラエティ】誰だって波瀾爆笑〜前田益尚〜』YouTubeチャンネル，法政大学社会学部 稲増ゼミPV，制作：稲増ゼミ36期生（勝又美衣奈，名須川侑征，山上泰生，山内侑）
https://youtu.be/lL5rumGG_Tg
吉岡英二最終講義「ダーウィニズムの誤読」関西国際大学 現代社会学部，2023.2.24.
https://sites.google.com/view/yoshioka-final-lecture/home